Nussknacker 1

Mein Mathematikbuch
1. Schuljahr

Herausgeber
Peter Herbert Maier, Karlsruhe

Autoren
Sabine Heinz, Pegnitz/Hollenberg
Tanja Klieber, Nürnberg
Karl Landherr, Thannhausen
Peter Herbert Maier, Karlsruhe
Uwe Neißl, Kraichtal
Monika Schoy-Lutz, Gottlieben

Berater
Astrid Balzar, Bad Staffelstein
Brigitte Filler, Fürth
Katja Krellenberg, Neubiberg
Wolfram Kriegelstein, Schwabach
Karl Landherr, Thannhausen
Nina Schlag, Wendelstein
Christine Schneider, München
Constanze Schürer, Möckenlohe
Simone Wagler, Münsingen
Barbara Walz, Pommersfelden
Christine Zetzmann, Bad Rodach

Ernst Klett Verlag
Stuttgart · Leipzig

Inhalt

Prozessbezogene Kompetenzen

Kapitel / Thema	Seite	Modellieren	Probleme lösen	Kommunizieren	Argumentieren	Darstellen
Zahlenraum bis 10						
Zahlen und Formen entdecken	4			✓		
Lagebeziehungen	6			✓	✓	✓
Zahlen bis 10	8	✓		✓		✓
Gleich viele – mehr – weniger	10				✓	✓
Zählen und beschreiben	11	✓		✓		✓
Zählen und notieren	12	✓		✓		✓
Zahlen bis 6 zerlegen	13		✓			✓
Zählen und legen	14					✓
Anzahlen geschickt erfassen	15			✓	✓	✓
Muster legen und fortsetzen	16			✓	✓	
Würfeltiere bauen	17	✓		✓		✓
Vorgänger – Nachfolger	18			✓		✓
Ordnungszahlen	19	✓		✓		
Größer als – kleiner als – ist gleich	20	✓		✓		
Wiederholung – Über Lernen sprechen	21					✓
Am Ententeich	22	✓		✓		
Zahlen zerlegen						
Zahlen zerlegen	23	✓		✓		
Mit der Schüttelbox zerlegen	24			✓		✓
Zahlzerlegungen ordnen	26			✓		✓
In der Zahlenhaus-Stadt	27			✓		
Immer erst 5	28			✓		✓
Wiederholung – Über Lernen sprechen	29					✓
Die Zahlen bis 20 kennenlernen						
Zahlen bis 20	30			✓		✓
Zahlen vergleichen	32		✓	✓		✓
Zahlenreihe	33			✓		✓
Im Zahlenraum bis 10 rechnen						
Differenzierung:						
Im Zahlenraum bis 20 rechnen						
Plus: Es werden mehr	34	✓		✓		✓
Plusaufgaben üben	36	✓		✓		✓
Aufgabenrollen	37		✓	✓	✓	
Tauschaufgaben	38			✓		✓
Pinnwand	39		✓	✓	✓	
Minus: Es werden weniger	40	✓		✓		✓
Minusaufgaben üben	42	✓		✓		✓
Aufgabenrollen	43		✓	✓	✓	
Umkehraufgaben	44			✓		✓
Plus- und Minusaufgaben üben	45			✓		
Im Zoo (Aufgaben finden)	46	✓		✓		
Rechenmauern bauen	48		✓	✓		✓
Wiederholung – Über Lernen sprechen	49			✓		
Raum und Form						
Formen erkennen und beschreiben	50			✓	✓	
Formen herstellen und untersuchen	51			✓		✓
Häuser legen und zeichnen	52			✓		
Formen in Figuren entdecken	53			✓	✓	
Hase und Fuchs	54			✓	✓	
Kopftraining						
Musterpuzzle	56		✓	✓	✓	
Sternenpuzzle	57		✓	✓	✓	
Geld						
Geld	58			✓		✓
Mit Geld rechnen	59	✓		✓		
Mit Geld rechnen	60	✓		✓		
Rechengeschichten erfinden	61	✓		✓		
Zahlenraum bis 20						
Zahlenspiel	62			✓		
Rabenhöhle	63			✓		✓
Zehner und Einer	64			✓		✓
Zahlen zerlegen	66			✓		
Ordnungszahlen	67			✓		
Plusaufgaben üben	68			✓	✓	✓
Minusaufgaben üben	69			✓		✓
Umkehraufgaben	70	✓		✓		✓
Wiederholung – Über Lernen sprechen	71			✓		

Inhalt

			Prozessbezogene Kompetenzen				
			Modellieren	Probleme lösen	Kommunizieren	Argumentieren	Darstellen
Raum und Form	▲ Mit dem Spiegel experimentieren	72			✓	✓	
	▲ Symmetrische Figuren	73			✓		
Im Zahlenraum bis 20 rechnen	▼■ Verdoppeln mit dem Spiegel	74			✓		✓
	▼■ Halbieren und verdoppeln	75			✓	✓	✓
	▼■ Plus: Rund um die 10	76			✓		
	■ Zehnerübergang mit plus	77			✓		✓
	▼■ Rechenstrategien mit plus	78			✓	✓	✓
	■ Plus: Vorteilhaft rechnen	79			✓	✓	✓
	▼■ 1 + 1-Tafel	80			✓		
	▼■ Minus: Rund um die 10	81			✓		
	■ Zehnerübergang mit minus	82			✓		✓
	▼■ Rechenstrategien mit minus	83			✓	✓	✓
	▼■ Minusaufgaben üben	84			✓	✓	
	■ Minus: Vorteilhaft rechnen und kontrollieren	85			✓	✓	✓
	▼■ Aufgabenfamilien	86			✓		✓
	▼■ Nachbaraufgaben lösen	88			✓	✓	
	■ Tabellen bearbeiten	89			✓		✓
	▼■ Minus: Vorteilhaft rechnen mit mehreren Zahlen	90			✓	✓	✓
	▼■ Bienenspiel	91		✓	✓		
	●■ Mit Geld umgehen	92			✓	✓	✓
	■ In der Zoohandlung	94	✓		✓		
	■ Aufgabenrätsel	95		✓	✓		✓
Zufall	♦ Zufall und Wahrscheinlichkeit	96		✓	✓	✓	
	♦ Kombinatorik	98		✓	✓	✓	
	●■ Wiederholung – Über Lernen sprechen	99			✓		✓
Im Zahlenraum bis 20 rechnen	■ Gleichungen lösen	100			✓		✓
	▼■ Ungleichungen lösen	101			✓		✓
	▼■ Rechenmauern	102		✓	✓	✓	
	●■ Auf dem Flohmarkt	104	✓	✓	✓		
Raum und Form	▼▲ Muster legen und zeichnen	106			✓		
	▲ Falten und gestalten	107			✓		
	▲ Mit dem Geobrett experimentieren	108			✓	✓	
Kopftraining	▼▲ Schöne Muster legen	110		✓	✓	✓	
	▼▲ Tischkärtchen zeichnen	111			✓		✓
Im Zahlenraum bis 20 rechnen	■ Zauberdreiecke	112		✓	✓		
	▼■ Zahlenfolgen	114			✓	✓	
	■ Wiederholung – Über Lernen sprechen	115					✓
Zeit	● Die Zeit im Tageslauf	116			✓		
	● Uhrzeiten einstellen	117			✓	✓	
	● Zeitspannen einschätzen	118			✓	✓	
	● Zeitpunkt und Zeitspanne	119			✓		✓
	● Eine Woche	120			✓		✓
	● Der Kalender	121			✓		✓
	●■ Fragen zuordnen	122	✓		✓	✓	
	●■ Fragen stellen	123	✓		✓		
	▼■ Zauberquadrate	124		✓	✓		
	▼■ Mit Rechenmauern experimentieren	126		✓	✓		
Raum und Form	▲ Irrgarten	127			✓		
	●■ Fragen und Antworten zuordnen	128	✓		✓	✓	
	●■ Gleichungen zuordnen	129	✓		✓	✓	
Kopftraining	▲ Mit Figuren jonglieren	130		✓	✓		
	▼■ Mit Zahlen jonglieren	131		✓	✓		
	■ Wiederholung – Über Lernen sprechen	132					
Basiswissen	Klasse 1 – Basiswissen	133					✓
	1+1-Tafel	136			✓		✓

■ Zahlen und Operationen ▲ Raum und Form ▼ Muster und Strukturen ● Größen und Messen ♦ Daten und Zufall

Zahlen und Formen entdecken

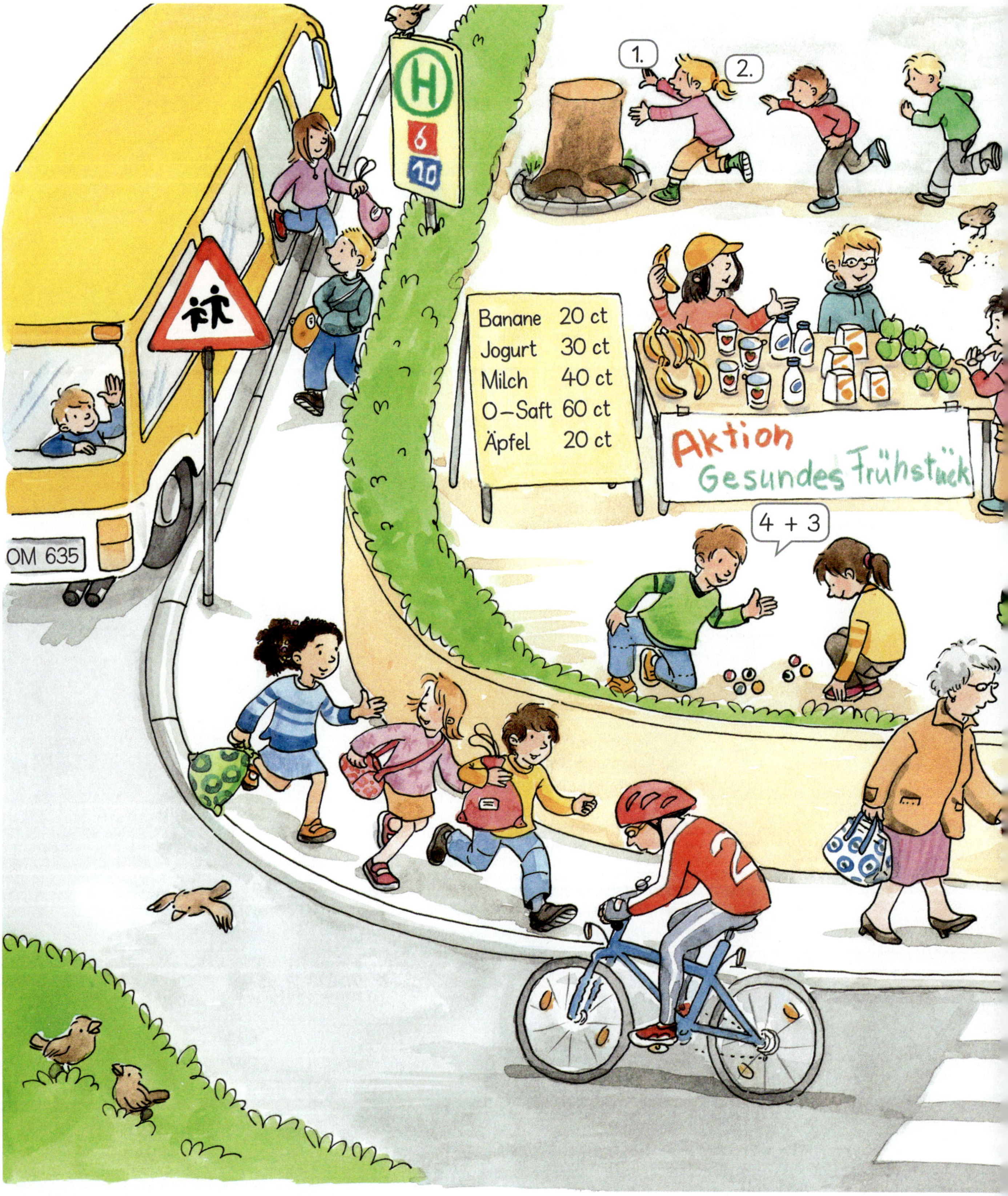
1.
2.
H
6
10
Banane 20 ct
Jogurt 30 ct
Milch 40 ct
O-Saft 60 ct
Äpfel 20 ct
Aktion
Gesundes Frühstück
4 + 3
OM 635

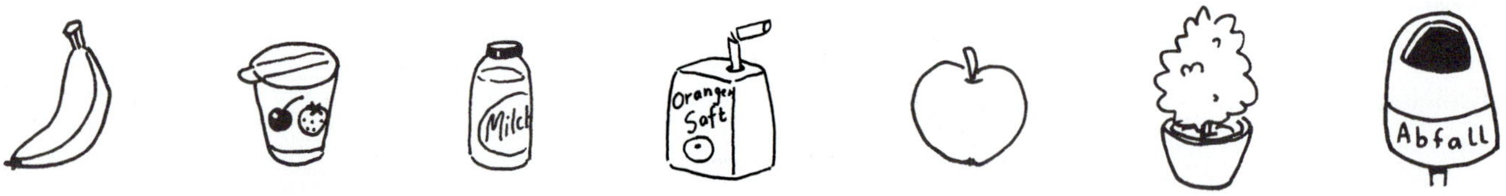
Milch
Abfall

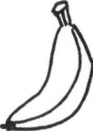

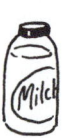

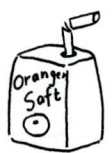

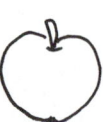

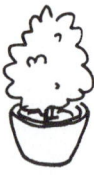

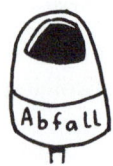

Zum Bild erzählen. Kenntnisse über Zahlen und Formen anwenden und über deren Bedeutung im Alltag sprechen. Die unten abgebildeten Gegenstände im Bild finden und jeweils ihre Anzahl bestimmen. Weitere Gegenstände benennen und zählen. Auf die Bedeutung der für Kinder wichtigen Verkehrsschilder hinweisen.

Lagebeziehungen

1

2

3

6 **1** Lagebeziehung links – rechts am eigenen Körper thematisieren. Ein „L" auf die linke Hand, einen roten Punkt auf die rechte Hand malen. **2** Bewegungen auf den Bildern beschreiben und nachspielen. **3** Lagebeziehungen aus der Sicht des Mädchens beschreiben. **Differenzierung:** Aus der Sicht anderer Personen beschreiben.

Lagebeziehungen

1, 2 Die Sachen durch Angabe der räumlichen Beziehungen (oben – unten, rechts – links, zwischen, neben, vor – hinter, über – unter, auf – unter, hinten – vorne) in das Regal aufräumen.   **3** Ein Kind legt Plättchen und beschreibt ihre Lage. Das andere Kind legt im Buch nach.   **Differenzierung:** Plättchen in 5x5-Feld legen.

Zahlen bis 10

| 0 | 1 | 2 | 3 | 4 | 5 |

8 — Über das Bild sprechen, zählen und mit Plättchen auf Zehnerstreifen legen. Mengen, Zahlwörter zuordnen und umgekehrt. Im eigenen Klassenzimmer Beispiele (Repräsentanten) für die Zahlen 0 bis 5 suchen.

| 6 | 7 | 8 | 9 | 10 | 11 |

Im Klassenzimmer Beispiele (Repräsentanten) für die Zahlen 6 bis 10 suchen. Zahlen auf dem Zehnerstreifen mit Plättchen legen (Beilage). Ausstellung zu Zahlen gestalten.

Gleich viele – mehr – weniger

1

2

3

4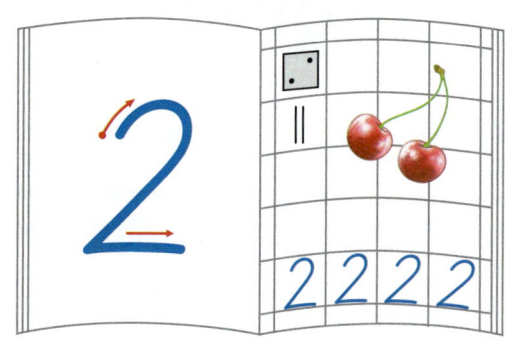

1 – 3 Paarweises Zuordnen: Feststellen, ob es gleich viele, mehr oder weniger Dinge sind. **4** Der Ziffernschreibkurs gibt ein Beispiel für den Hefteintrag. Zahlbilder einprägen.

Zählen und beschreiben

1 Über das Bild sprechen. Merkmale, Lage der Personen und der Gegenstände beschreiben.   **2** Verschiedene Arten der Anzahlbestimmung (Strichliste, Zehnerfeld) kennenlernen. Anzahlen aus Aufgabe **1** als Hefteintrag festhalten.

Zählen und notieren

1

2

3

1 Anzahl der Gegenstände auf dem Tisch ermitteln und als Strichliste in die Tabelle eintragen. **2** Anzahl der Haustiere aus Tabelle entnehmen, in der eigenen Klasse ermitteln und in die Tabelle eintragen.

Zahlen bis 6 zerlegen

2 Immer 3.

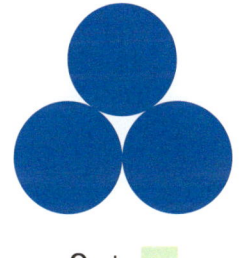   

3 + ▢   2 + ▢   ▢ + ▢   ▢ + ▢

3 Immer 4.

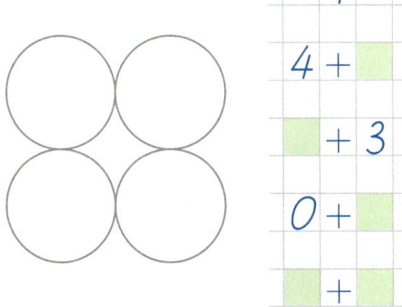

4
4 + ▢
▢ + 3
0 + ▢
▢ + ▢

Immer 6.

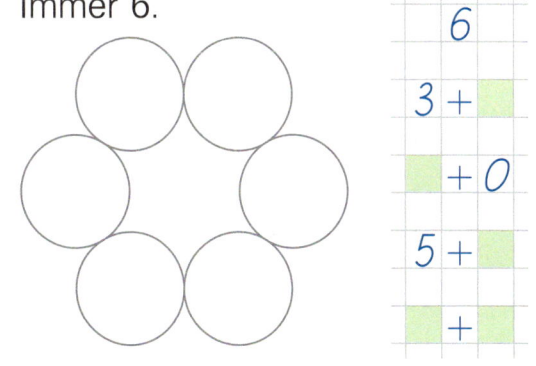

6
3 + ▢
▢ + 0
5 + ▢
▢ + ▢

4 Immer 5.

Immer 4.

Immer 6.

Immer 7.

1 Blumen mit 5 Plättchen legen.   2 Blumenmuster zur Anzahl 3 finden und Zahlzerlegung nennen.   3 Zahlen mit Plättchen legen, Zahlzerlegungen ins Heft notieren.   4 Ergänzen: Plättchen auf 2 Hände verteilen und eine Anzahl davon zeigen. Alle Zerlegungen zu einer Zahl finden und Vollständigkeit der Lösungen begründen.

Zählen und legen

1

2

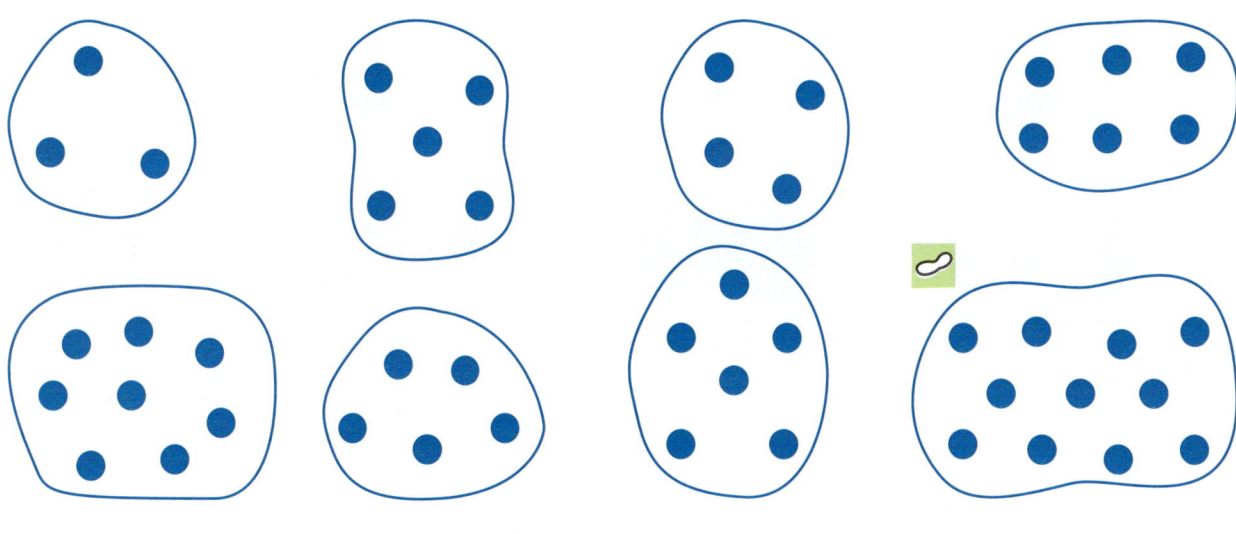

3

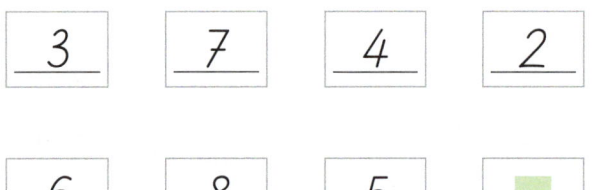

4

1 Plättchenanzahlen abwechselnd simultan erfassen und benennen bzw. in den Zehnerstreifen mit Plättchen legen.
2, 3 Zuordnen von Zahlen zu Mengen und umgekehrt. Ziffernkarten verwenden (Beilage).

Anzahlen geschickt erfassen

1

2 Lege so, dass dein Partner leicht zählen kann.

6	9	🫘 12
8	5	🫘 15
7	10	🫘

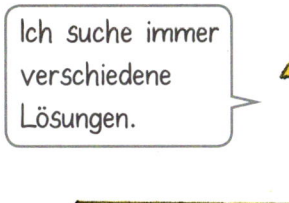

3

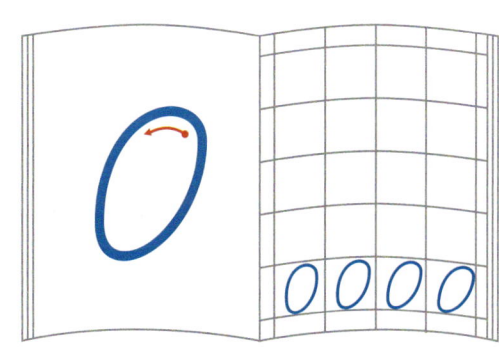

1, 2 Strategien zur Anzahlbestimmung und strukturierten Darstellung entwickeln. Dazu Plättchen gegebenenfalls umlegen.

Muster legen und fortsetzen

1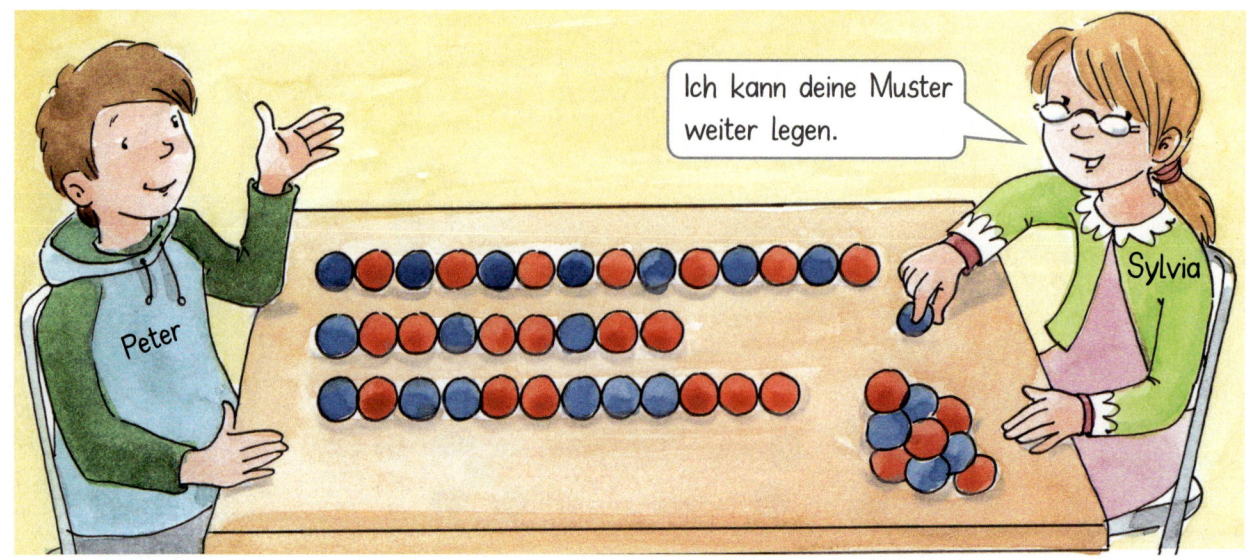

2 Lege und zeichne. Beschreibe die Muster.

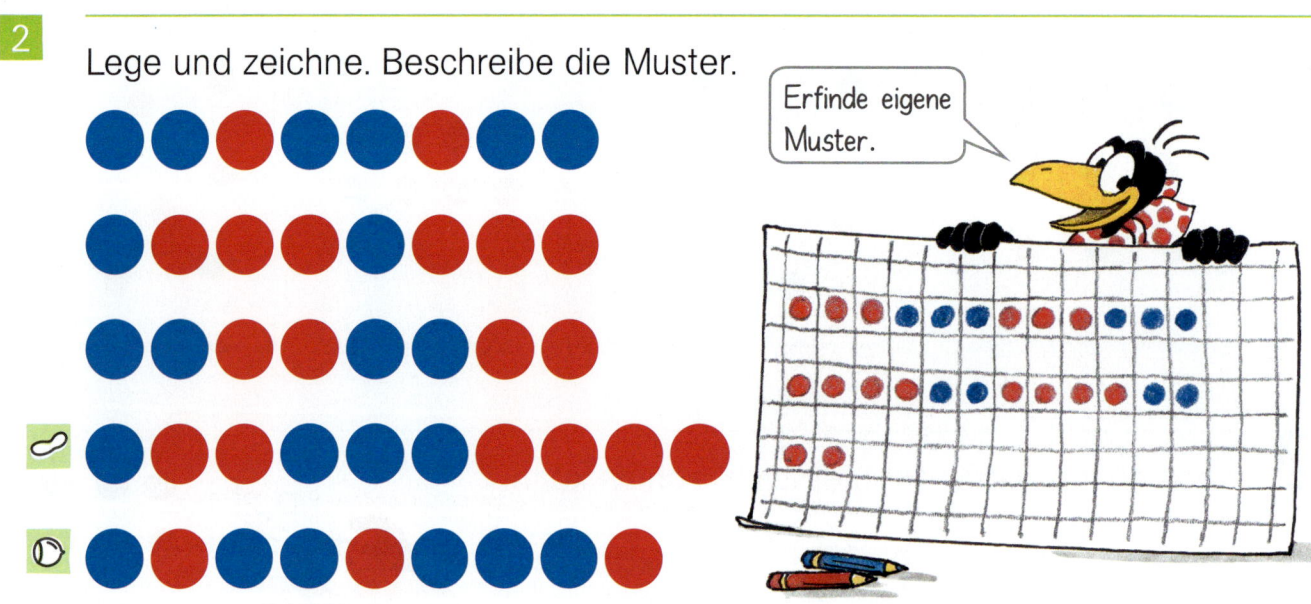

3 Legt nach und setzt fort. Beschreibt die Muster.

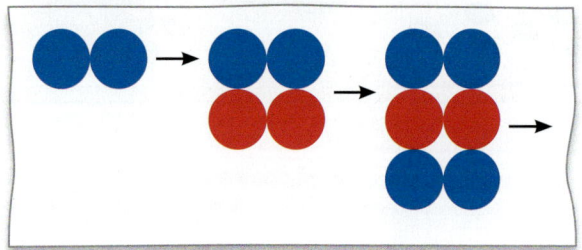
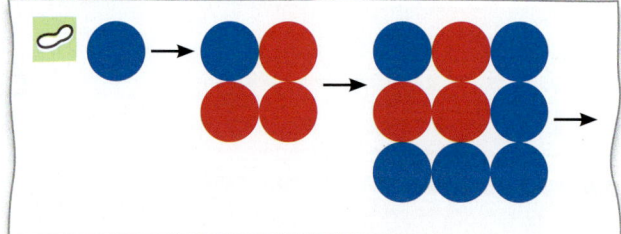
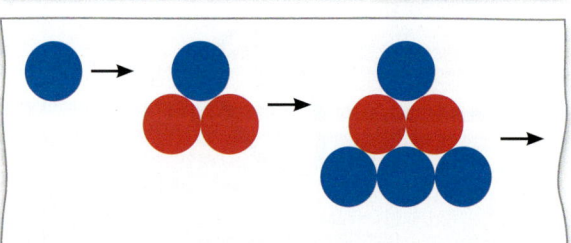
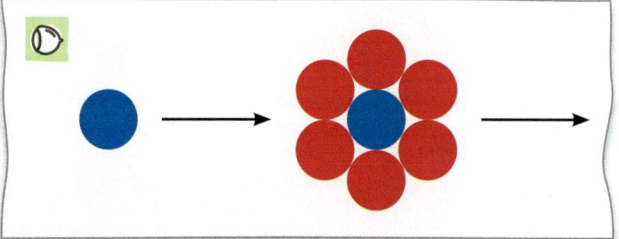

Würfeltiere bauen

1 Über das Bild sprechen und erkennen, dass Baupläne gezeichnet und Anzahlen ermittelt werden sollen. **3** Ein Spiel zu zweit: Jan baut für Lea eine Tierfigur, bei der Lea – ohne dass Jan es sieht – einen Würfel verändert (umsteckt, entfernt oder hinzufügt). Jan soll nun angeben, welcher Würfel verändert wurde.

Vorgänger – Nachfolger

1

| 0 | 1 | 2 | 3 | 4 | 5 | 6 | 7 | 8 | 9 | 10 |

2

Vorgänger	Zahl	Nachfolger
4	5	6

	1	2				3	
		4				7	
		6				9	

3

6						7			10		
4						8				10	
7						9					10

4

Vorgänger	Zahl	Nachfolger
	2	
	3	
	4	
	5	
	6	

V		N
	1	
		4
	5	
		8
		10

V		N
		2
		5
		8
		11
		14

1–4 Die Begriffe „Vorgänger" und „Nachfolger" erarbeiten. Dabei auch von „Nachbarn" sprechen. Vorgänger und Nachfolger finden. Zahlenband einführen und ergänzen. **Differenzierung:** Struktur bei Tabellen in Aufgabe 4 erkennen und weiterführen.

Ordnungszahlen

1

2

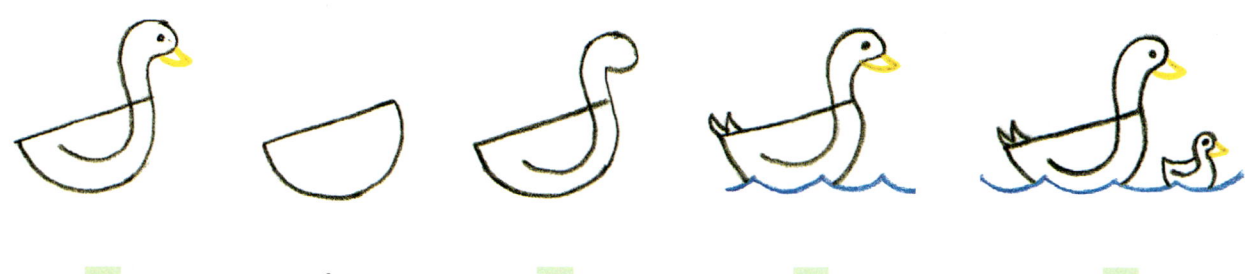

3

4

1–2 Situation beschreiben und dabei Ordnungszahlen verwenden. Veränderungen beschreiben. **3** Reihenfolge, in der das Bild gezeichnet wurde, feststellen. **4** Nach der Reihenfolge von **3** an die Tafel oder ins Heft zeichnen.

Größer als – kleiner als – ist gleich

1

3 < 5	4 > 2	3 = 3
3 ist kleiner als 5	4 ist größer als 2	3 ist gleich 3

2

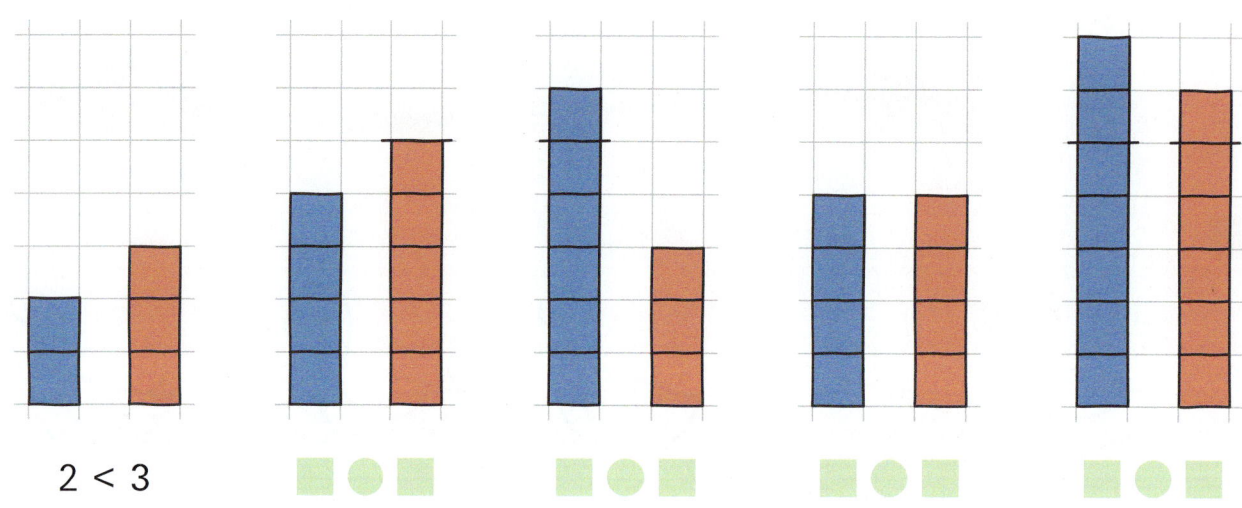

2 < 3

3

1 < 2	10 ● 5	6 ● 6
6 ● 3	9 ● 6	1 ● 0
3 ● 4	7 ● 8	0 ● 8
4 ● 5	8 ● 7	4 ● 10

🥜 3 = ▢   5 = ▢   8 = ▢
   3 < ▢   5 < ▢   8 < ▢
   3 > ▢   5 > ▢   8 > ▢
   ▢ > ▢   ▢ > ▢   ▢ > ▢

4

20 1 Zahlen vergleichen. Dazu die Zeichen <, > und = einführen   2 Mit Steckwürfeln nachbauen.   **Differenzierung:** Eigene Beispieltürme bauen und vergleichen.   4 Bewegungsspiel, bei dem ein Kind die Relationszeichen und die anderen Kinder Zahlenkarten haben. Das Kind mit den Relationszeichen hält eines davon hoch und die beiden anderen Kinder ordnen sich zu.

Wiederholung – Über Lernen sprechen

1 Wie viele?

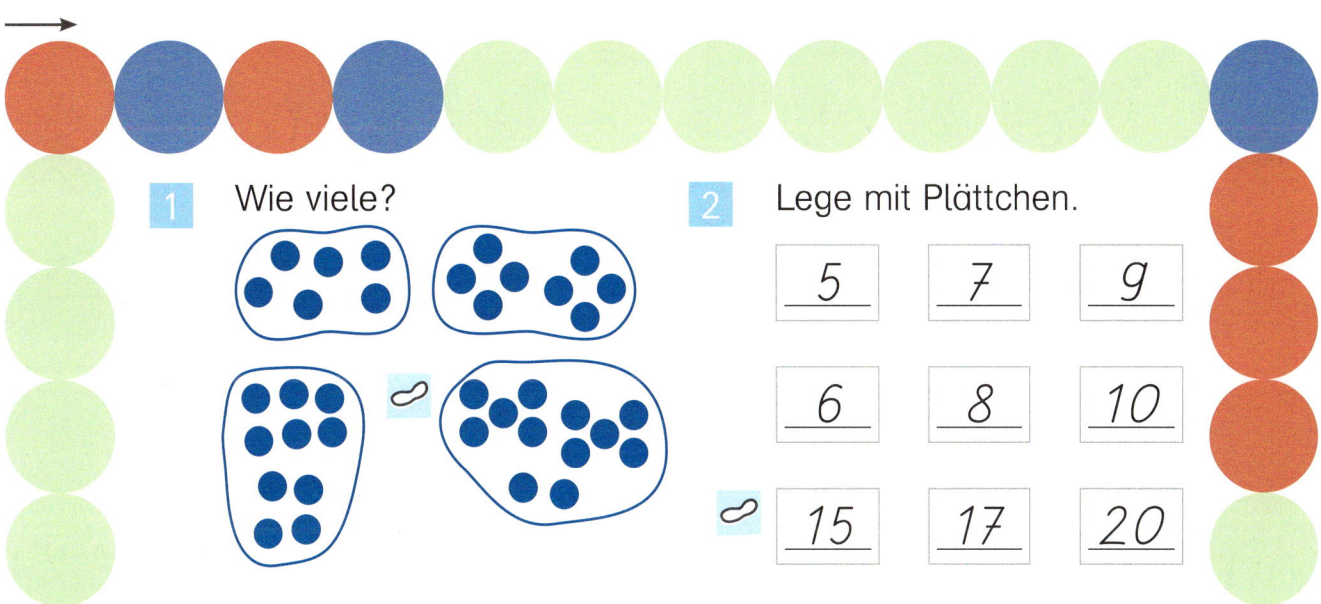

2 Lege mit Plättchen.

5	7	9
6	8	10
15	17	20

3 Immer 8.

☐ + ☐   ☐ + ☐   ☐ + ☐

4

V		N
5	6	7
	3	
	8	
	1	

V		N
5		
	2	
		8
4		

V		N
		17
11		
		14
	20	

5 Setze >, < oder = ein.

4 < 6   7 ☐ 3   3 ☐ 4   10 > ☐
5 ☐ 6   9 ☐ 8   10 ☐ 1   ☐ < 17
6 ☐ 6   2 ☐ 5   4 ☐ 7   12 < ☐
7 ☐ 6   8 ☐ 0   9 ☐ 9   ☐ > 16

Am Ententeich — Informationen entnehmen

1

2

3

4

5

6

7

8

1 – 8 Die Kinder erzählen zu den Bildern und wenden die Kenntnisse über Zahlen an. **Differenzierung:** Leistungsschwächere Kinder erzählen und beschreiben einzelne Bilder, leistungsstarke Kinder bauen alle Bilder in ihre Geschichte ein.

Zahlen zerlegen

1

2

 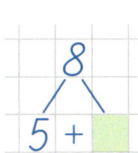 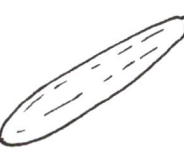 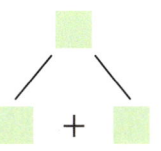

3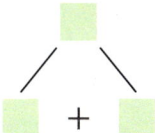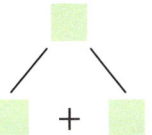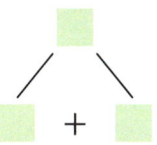

4

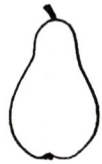 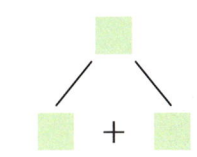 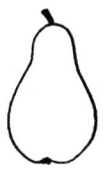 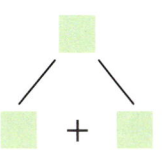 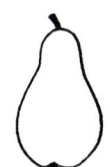 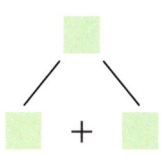

1 – 3 Zahlzerlegungen erkennen und notieren. **4** Für die Birnen unterschiedliche Zerlegungen finden. Auch für anderes Obst oder Gemüse unterschiedliche Zerlegungen finden, z.B. abhängig von der Lage (obere/untere Reihe etc.).

Mit der Schüttelbox zerlegen

24 1 Anleitung zum Umgang mit der Schüttelbox. 2 – 5 Zerlegungen im Heft notieren. **Differenzierung:** Weitere mögliche Zerlegungen selbst zeichnen.

Zahlzerlegungen ordnen

1

2

3

In der Zahlenhaus-Stadt

Mögliche Zerlegungen notieren und die systematische Zerlegung entdecken. Parallel dazu können Zerlegungen mit Plättchen gelegt werden. **Differenzierung:** In drei Summanden zerlegen.

Immer erst 5

1

2

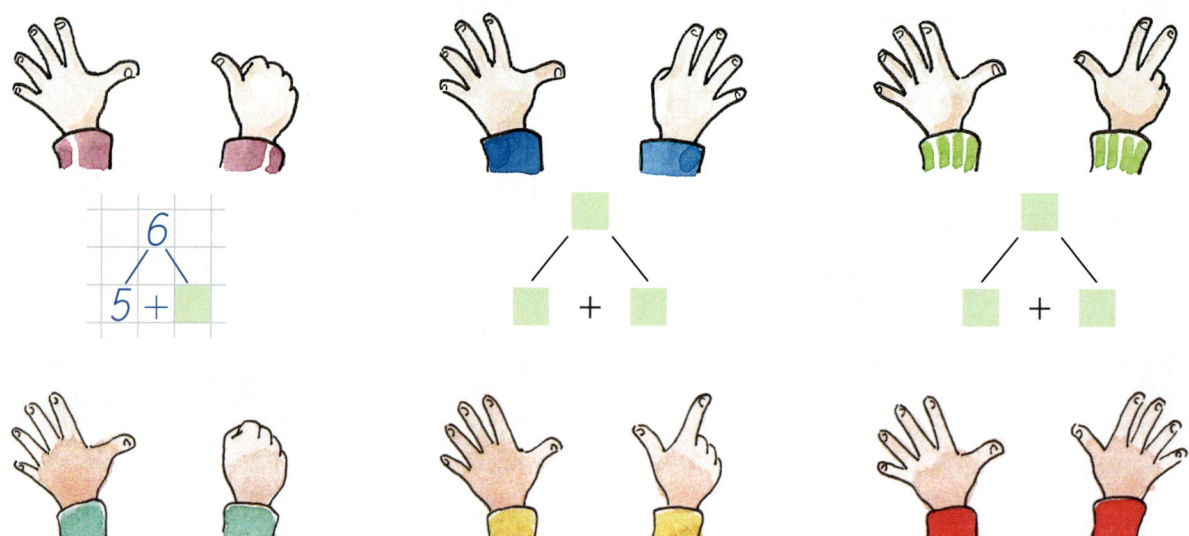

3

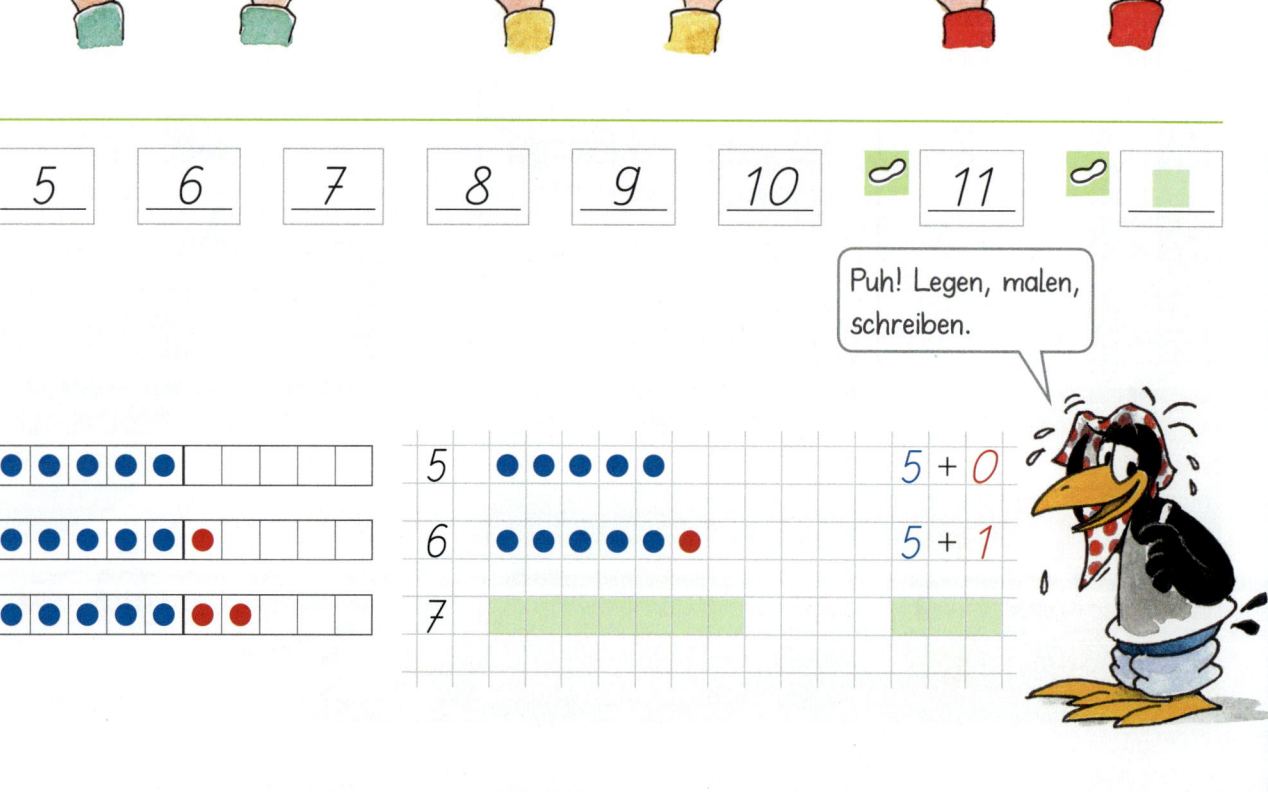

Wiederholung – Über Lernen sprechen

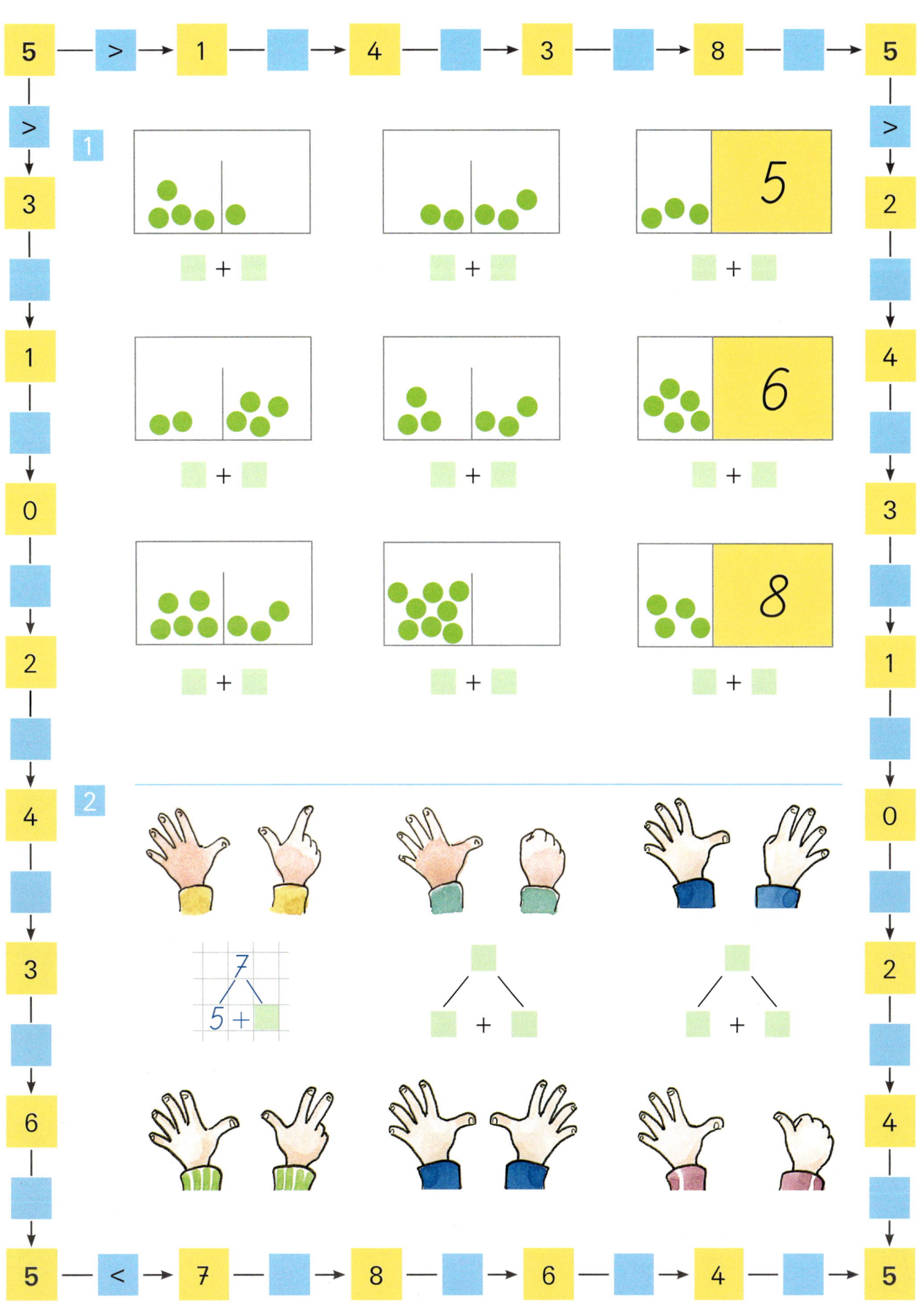

Reflexion: Kinder sollen über ihren Lernstand sprechen.

Zahlen bis 20

Zähle.

30   Die abgebildeten Gegenstände im Bild finden, jeweils die Anzahl bestimmen und mit Material legen. Dabei verschiedene Strategien zur Anzahlbestimmung nutzen.

Differenzierung: Der Zahlenraum bis 20 wird eröffnet, um leistungsstärkeren Schülern beim weiteren Rechnen Differenzierungsmöglichkeiten anbieten zu können.

Zahlen vergleichen

32

1, 2 Die Zahlen bis 20 vergleichen. Dabei dient der Rückgriff auf die Zahlen im ersten Zehner als Hilfe. 3 Zahlen zwischen 2 gegebenen Zahlen finden. 4 Aus je 3 Zahlen lassen sich 6 Zahlvergleiche bilden.

Zahlenreihe

1

2

3

V		N
16	17	18
	15	
	19	
	10	
	11	

V		N
	12	
		18
	14	
8		
	16	

V		N
		22
	19	
		25
	25	
		28

4 Ordne der Größe nach.

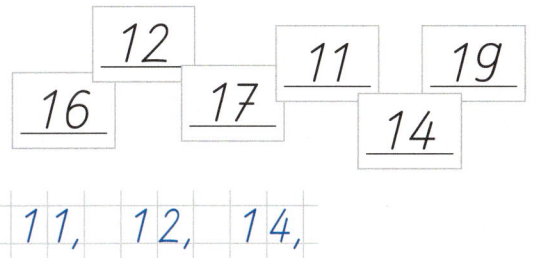

11, 12, 14,

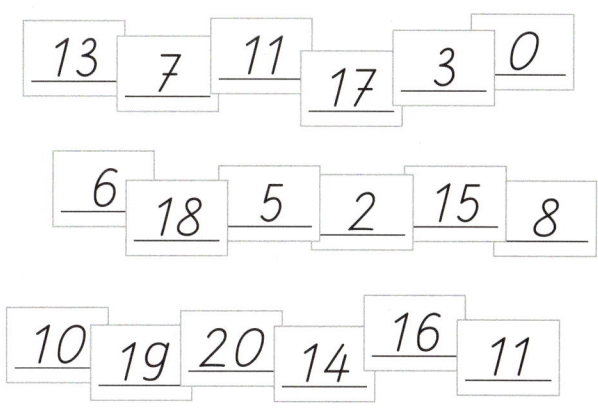

1 – 3 Mit Zahlenkarten nachlegen (Beilage).   4 Nach der Größe ordnen und ins Heft schreiben.   **Differenzierung:** 6 Zahlenkarten blind ziehen und ordnen. Dabei die Zahlen auch von der größten zur kleinsten Zahl geordnet notieren.

Plus: Es werden mehr

1

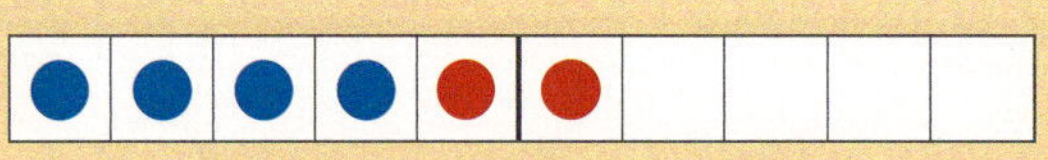

4 + 2 = 6
plus   ist gleich

2

2 + ▢ = ▢

▢ + ▢ = ▢

▢ + ▢ = ▢

▢ + ▢ = ▢

▢ + ▢ = ▢

▢ + ▢ = ▢

34 1, 2 Plusaufgaben nachspielen, mit Plättchen nachlegen, Sprech- und Schreibweise einführen.

Plus: Es werden mehr

1 – 6 Plusaufgaben erkennen. Aufgaben mit Plättchen im Zehnerstreifen nachlegen, Aufgaben schreiben und rechnen.
6 Zwei Lösungen: Verkäufer mitzählen / nicht mitzählen.

Plusaufgaben üben

1 Lege und rechne die Aufgaben. Male die Felder der 1 + 1 Tafel so an.

 0 + 0   4 + 4   1 + 1
5 + 5   3 + 3   2 + 2

  8 + 2   6 + 4   10 + 0
3 + 7   9 + 1   4 + 6
1 + 9   2 + 8   7 + 3
0 + 10

4 + 0   0 + 6   3 + 0
0 + 7   2 + 0   0 + 1
1 + 0   0 + 8   6 + 0
0 + 3   9 + 0   0 + 5
5 + 0   0 + 4   8 + 0   0 + 2   7 + 0   0 + 9

5 + 1   1 + 3   4 + 2   1 + 8   2 + 5   4 + 5
3 + 4   5 + 2   3 + 6   4 + 3   3 + 2   7 + 2
6 + 2   2 + 7   5 + 3   3 + 5   1 + 2   2 + 6
2 + 1   8 + 1   1 + 4   6 + 1   6 + 3   3 + 1
5 + 4   2 + 3   7 + 1   1 + 5   1 + 7   2 + 4
1 + 6   4 + 1

2

36 1 Aufgaben legen und lösen und in der 1 + 1 Tafel entsprechend der Vorgabe einfärben. Erforschen, was die Farben bedeuten (siehe auch 1 + 1 Tafel auf Seite 136) 2 Partnerspiel: Mit 2 Würfeln werfen. Plusaufgaben bilden, lösen und die Ergebnisse in der Übersicht ankreuzen. Wer zuerst alle Zahlen angekreuzt hat, hat gewonnen.

Aufgabenrollen

1

2 Wie weit kannst du rechnen?

2 + 0	4 + 0	0 + 0	1 + 2	0 + 1
2 + 1	4 + 1	1 + 1	2 + 2	1 + 2
2 + 2	4 + 2	2 + 2	3 + 2	2 + 3
2 + 3	4 + 3	3 + 3	4 + 2	3 + 4

3

4 Wie könnte es weitergehen?

Tauschaufgaben

$5 + 4 = \square$
$4 + 5 = \square$

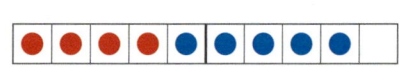

2

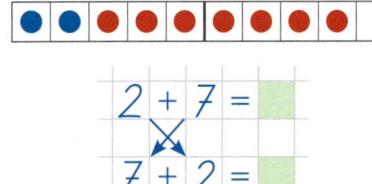

$2 + 7 = \square$
$7 + 2 = \square$

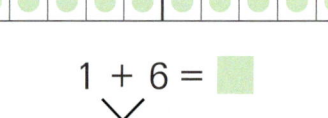
$1 + 6 = \square$
$6 + 1 = \square$

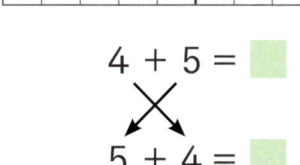
$4 + 5 = \square$
$5 + 4 = \square$

3

Ich rechne lieber 6 + 2.

| 2 + 6 | 2 + 5 | 1 + 8 | 9 + 1 |
| 6 + ☐ | 5 + ☐ | 8 + ☐ | 1 + ☐ |

| 5 + 4 | 0 + 3 | 7 + 3 | 6 + 4 |
| ☐ + ☐ | ☐ + ☐ | ☐ + ☐ | ☐ + ☐ |

4

Rechne jeweils nur die leichte Aufgabe.

2 + 4	6 + 3	7 + 3	5 + 2	🫘 13 + 2	🫘 5 + 11
4 + 2 =	8 + 2	3 + 5	4 + 6	5 + 12	6 + 12
6 + 3 =	1 + 9	2 + 6	2 + 3	1 + 18	14 + 4
	1 + 5	1 + 8	2 + 7	5 + 14	7 + 10

1 Zur Situation erzählen. Tauschaufgabe erkennen. 2, 3 Tauschaufgabe mit Plättchen legen und rechnen. 4 Entscheiden, welche Aufgabe die leichtere ist. Nur diese legen, rechnen und aufschreiben.

Minus: Es werden weniger

1

5 − 2 = 3

minus   ist gleich

2

8 − ☐ = ☐   ☐ − ☐ = ☐   ☐ − ☐ = ☐

☐ − ☐ = ☐   ☐ − ☐ = ☐   ☐ − ☐ = ☐

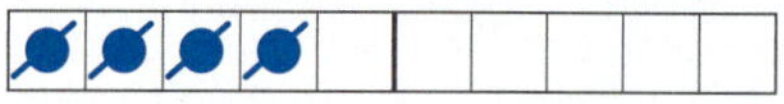

40   **1, 2** Minusaufgaben nachspielen, mit Plättchen nachlegen, Sprech- und Schreibweise einführen.

Minus: Es werden weniger

1

☐ − 2 = ☐

2

☐ − 3 = ☐

3

☐ − ☐ = ☐

4

☐ − ☐ = ☐

5

☐ − ☐ = ☐

6

☐ − ☐ = ☐

1 – 6 Minussaufgaben erkennen. Aufgaben mit Plättchen im Zehnerstreifen nachlegen, Aufgaben schreiben und rechnen.
4, 6 Zwei Lösungen: Lehrerin/Verkäufer mitzählen/nicht mitzählen. **Differenzierung:** Situation nachspielen.

Minusaufgaben üben

1 Lege und rechne die Aufgaben. Kontrolliere deine Ergebnisse.

"Ich kontrolliere mit den grünen Zahlen."

8 − 3 = 5
6 − 5 = 1
7 − 2 =

8 − 3	2 − 1	9 − 0
6 − 5	10 − 6	3 − 1
7 − 2	5 − 3	8 − 4
4 − 4	8 − 6	10 − 9
9 − 7	6 − 2	1 − 1
5 − 0	3 − 3	0 − 0
0 1 2 5	0 1 2 4	0 1 2 4 9

6 − 3	8 − 2	9 − 1	4 − ▢ = 2	▢ − 2 = 1
8 − 5	4 − 3	10 − 4	6 − ▢ = 5	▢ − 5 = 0
4 − 1	6 − 0	6 − 4	2 − ▢ = 2	▢ − 5 = 2
9 − 5	9 − 2	7 − 6	7 − ▢ = 3	▢ − 6 = 3
5 − 2	6 − 6	7 − 1	9 − ▢ = 6	▢ − 0 = 8
10 − 3	10 − 7	8 − 8	10 − ▢ = 10	▢ − 7 = 0
3 4 7	0 1 3 6 7	0 1 2 6 8	0 1 2 3 4	3 5 7 8 9

2

42
1 Minusaufgaben lösen und mit den grünen Lösungszahlen kontrollieren. Jede Lösungszahl kann mehrfach vorkommen.
2 Partnerspiel: 2 Würfel werfen. Minusaufgaben bilden, lösen und die Ergebnisse in der Übersicht ankreuzen. Wer zuerst alle Zahlen angekreuzt hat, hat gewonnen.

Aufgabenrollen

1 Fällt dir etwas auf? Beschreibe.

2 Wie weit kannst du rechnen?

8 − 8	6 − 6	7 − 7	3 − 3	1 − 0
8 − 7	6 − 5	6 − 6	4 − 3	2 − 1
8 − 6	6 − 4	5 − 5	5 − 3	3 − 2
8 − 5	6 − 3	4 − 4	6 − 3	4 − 3

3

10 − 7	5 − 2	6 − 3	8 − 2	10 − 0
9 − 6	6 − 3	7 − 3	8 − 3	9 − 0
8 − 5	7 − 4	6 − 4	7 − 2	10 − 1
7 − 4	8 − 5	7 − 4	7 − 3	9 − 1

4 Wie könnte es weitergehen?

6 − 1   7 − 0   ▢ − ▢   „Ich finde eine andere Aufgabenrolle dazu."

1 − 4 „Aufgabenrollen" für Minusaufgaben. Bildungsgesetz entdecken und beschreiben, Aufgaben im Heft lösen.
Differenzierung: Aufgaben legen.

Umkehraufgaben

1

5 + 2 = ☐

☐ − 2 = 5

2

4 + 5 =
− 5 =

2 + 6 = ☐
☐ − 6 = ☐

8 + 2 = ☐
☐ − 2 = ☐

3

3 + 6 = ☐
☐ − 6 = ☐

2 + 7 = ☐
☐ − 7 = ☐

5 + 3 = ☐
☐ − 3 = ☐

4 + 6 = ☐
☐ − 6 = ☐

7 + ☐ = 10
☐ − ☐ =

4 + ☐ = 6
☐ − ☐ =

☐ + 4 = 8
☐ − ☐ =

☐ + 3 = 3
☐ − ☐ =

4

Ich kontrolliere das Ergebnis mit der Umkehraufgabe.

5 − 2 =
☐ + 2 =

6 − 1 =
☐ + 1 =

8 − 4 =
☐ + 4 =

3 − 2 =
5 − 3 =
8 − 6 =

4 − 3 =
7 − 2 =
6 − 6 =

9 − 7 =
6 − 5 =
7 − 4 =

44 1 Zu den Bildern erzählen. Prinzip der Umkehraufgabe verstehen. 2, 3 Aufgabe und Umkehraufgabe rechnen. 4 Umkehraufgabe als Kontrollmöglichkeit erkennen. **Differenzierung:** Mit Plättchen legen.

Plus- und Minusaufgaben üben

1

2

9 − 5	7 − 4	3 + 5	4 + 2
0 + 3	2 + 2	9 − 8	6 − 3
2 + 7	3 − 3	6 + 3	1 + 6
8 − 8	9 − 7	1 + 3	3 + 2
4 + 4	4 + 6	3 + 3	9 − 8
3 − 1	0 + 9	8 − 5	5 + 4
Ziel: 9	Ziel: 10	Ziel: 4	Ziel: 7

3

8 − ☐ = 3	4 + ☐ = 7	☐ − 3 = 5	3 − ☐ = 1
2 + ☐ = 4	☐ + 4 = 8	1 + ☐ = 10	☐ + 3 = 5
4 + 6 = ☐	9 − ☐ = 6	6 + ☐ = ☐	☐ + 7 = 8
0 + ☐ = 9	☐ + 7 = 9	☐ − 7 = 3	5 − ☐ = 0
3 − ☐ = 0	8 − ☐ = 2	5 − ☐ = 1	☐ + 9 = 9
☐ − 7 = 2	7 − ☐ = 4	☐ + 3 = 6	8 − ☐ = 2
Ziel: 10	Ziel: 6	Ziel: 7	Ziel: 9

1 Übungsformat „Hüpf im Päckchen" einführen und erklären: Das Ergebnis einer Aufgabe ist die erste Zahl der nächsten Aufgabe, das Ergebnis der letzten Aufgabe ist als Zielzahl angegeben.

Im Zoo — Aufgaben finden

$8 - 3 =$

$4 - 2 =$

46 Geschichten zu Minusaufgaben erzählen, Aufgaben notieren und ausrechnen. Auch Plusaufgaben finden, notieren und ausrechnen.

Findest du auch Plusaufgaben?

Rechenmauern bauen

48

1 Aufbau der Rechenmauern entdecken.   **Differenzierung:** Mit Zahlenkarten aus der Beilage arbeiten.   3 Aus den 6 Mauersteinen verschiedene Mauern mit je 3 Steinen bauen. Wer findet die meisten Möglichkeiten? Wie viele gibt es?

Wiederholung – Über Lernen sprechen

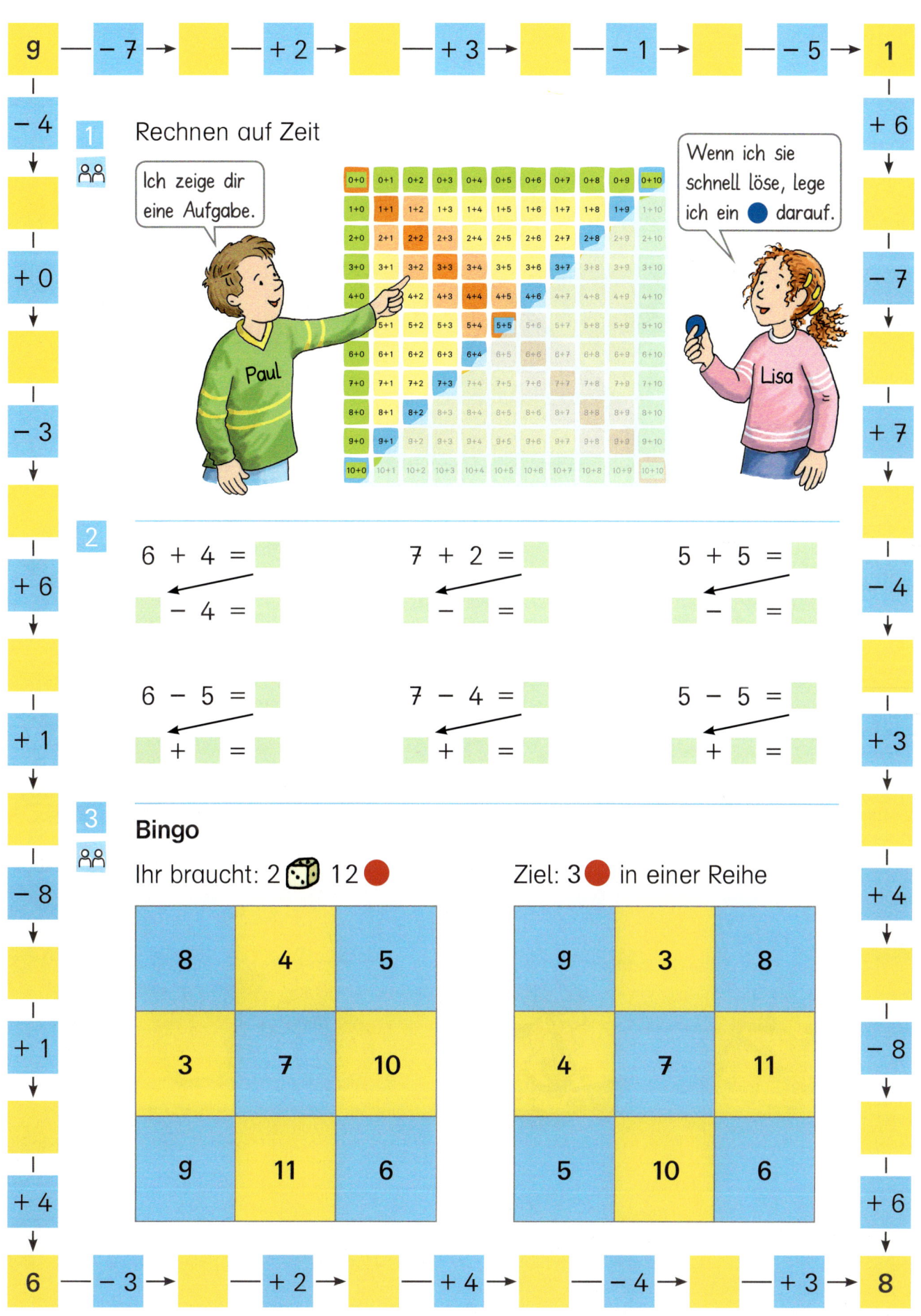

1 Rechnen auf Zeit

"Ich zeige dir eine Aufgabe."

"Wenn ich sie schnell löse, lege ich ein ● darauf."

2

6 + 4 = ☐   7 + 2 = ☐   5 + 5 = ☐
☐ − 4 = ☐   ☐ − ☐ = ☐   ☐ − ☐ = ☐

6 − 5 = ☐   7 − 4 = ☐   5 − 5 = ☐
☐ + ☐ = ☐   ☐ + ☐ = ☐   ☐ + ☐ = ☐

3 Bingo

Ihr braucht: 2 🎲 12 ●   Ziel: 3 ● in einer Reihe

8	4	5
3	7	10
9	11	6

9	3	8
4	7	11
5	10	6

1 Aufgaben, die falsch oder nicht innerhalb von ca. 3 s gelöst werden, im Heft notieren. **3** Abwechselnd würfeln und Augenzahlen zusammenrechnen. Die Summe (falls vorhanden) mit Plättchen abdecken. Wer zuerst 3 Plättchen in einer Reihe hat, hat gewonnen. **Reflexion:** Kinder sollen über ihren Lernstand sprechen.

Formen erkennen und beschreiben

50 Rechtecke, Quadrate, Dreiecke und Kreise erkennen und beschreiben. Begriffe „Seite" und „Ecke" verwenden. Flächenformen nach selbst gefundenen Kriterien vergleichen (z. B. eckig – rund). Unmögliche Gegenstände benennen wie z. B. eckige Fahrradreifen oder quadratische Wolken. Funktion der Form erklären.

Formen herstellen und untersuchen

1

2

3

4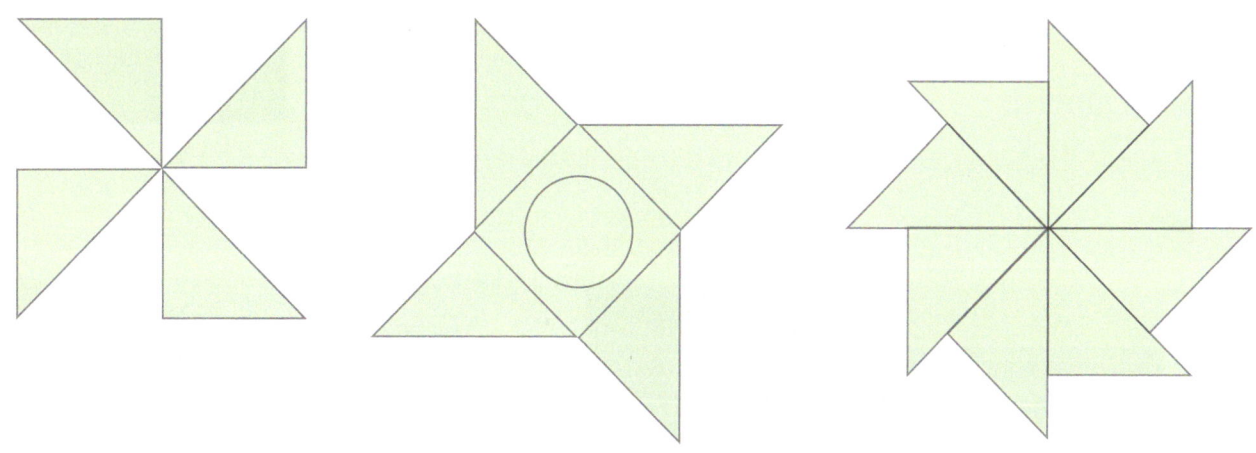

Welche Formen entdeckst du? ❀ Gestalte selbst ein Muster.

1 Grundformen mit geeigneten Hilfsmitteln aufzeichnen, ausschneiden und zuordnen. 2 Verschiedene Formen mit Zündhölzern legen. 3 Formen ertasten, dabei ihre Merkmale beschreiben.

Häuser legen und zeichnen

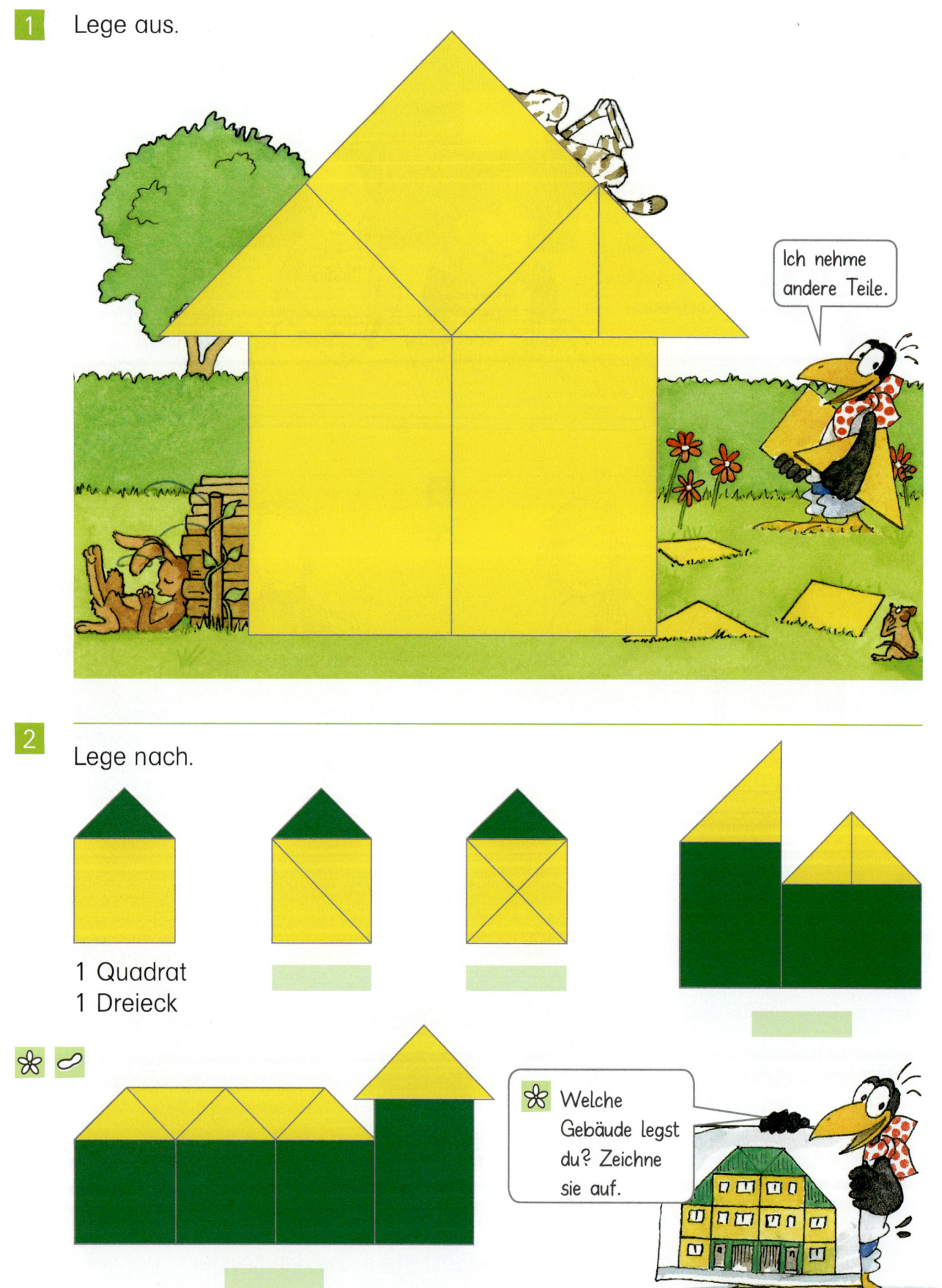

1 Lege aus.

2 Lege nach.

1 Quadrat
1 Dreieck

52 **1** Das Haus mit Geo-Plättchen unterschiedlich auslegen. **2** Die verkleinerten Häuser mit den Geo-Plättchen nachlegen und deren Anzahl ermitteln. Bei der Erdnuss-Aufgabe sind verschiedene Lösungen möglich. Eigene Gebäude legen.

Formen in Figuren entdecken

1 Finde die 5 Häuser im Quadrat und lege sie nach.

Haus 1   Haus 2

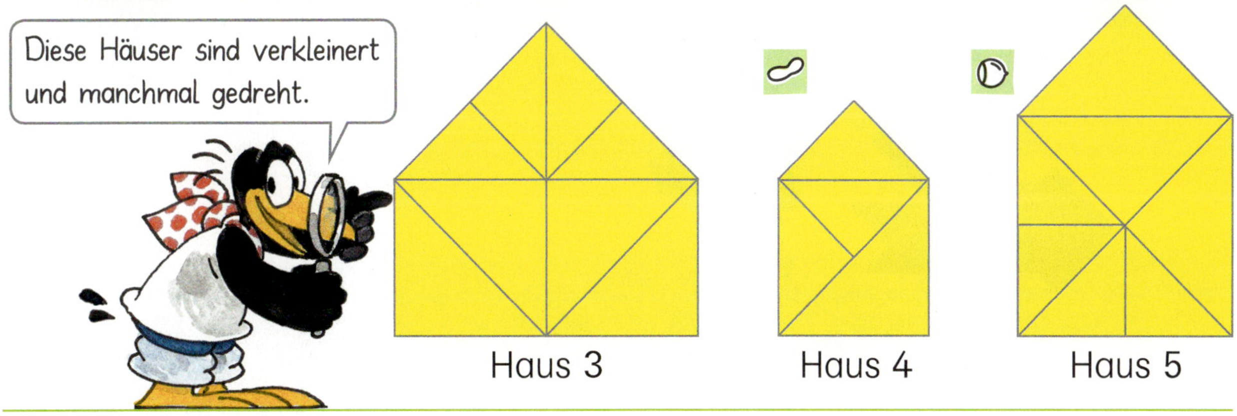

Diese Häuser sind verkleinert und manchmal gedreht.

Haus 3   Haus 4   Haus 5

2 Wie viele geometrische Formen entdeckst du?

Ich sehe 7 Dreiecke.

1 Häuser im Quadrat suchen und nachlegen. **2** Grundformen suchen und nachlegen. Systematik entwickeln: z.B. 4 kleine Dreiecke, 2 mittlere Dreiecke und ein großes Dreieck.

Hase und Fuchs

54 Die 4 großen Figuren mit den beigelegten Geo-Plättchen auslegen und ihre Anzahl ermitteln. Verschiedene Lösungen sind möglich. Die 6 kleinen Figuren nachlegen.

Plättchen

Plättchen

55

Kopftraining  Musterpuzzle

Kannst du den Tresor knacken?

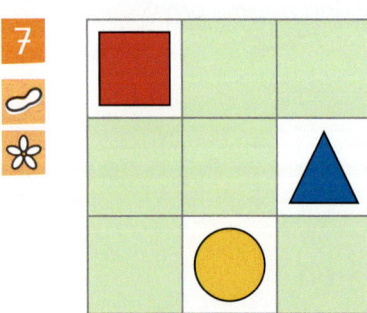 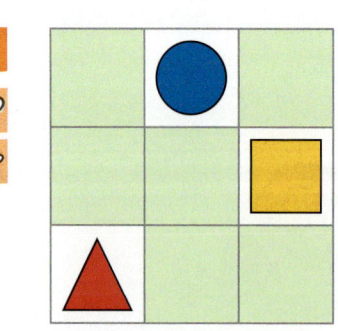 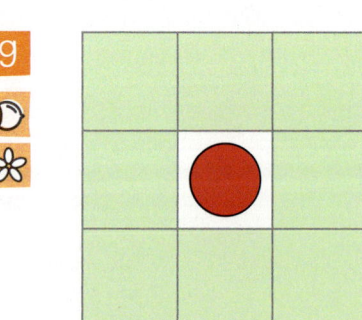

1 – 9 Das Muster so ergänzen, dass entweder in einer Reihe nur eine Form (z.B. Quadrate) oder nur eine Farbe (z.B. sind alle Formen rot) vorkommt.   **7, 8** Es gibt 2 verschiedene Lösungen.   **9** Es gibt 8 verschiedene Lösungen.

Sternenpuzzle — Kopftraining

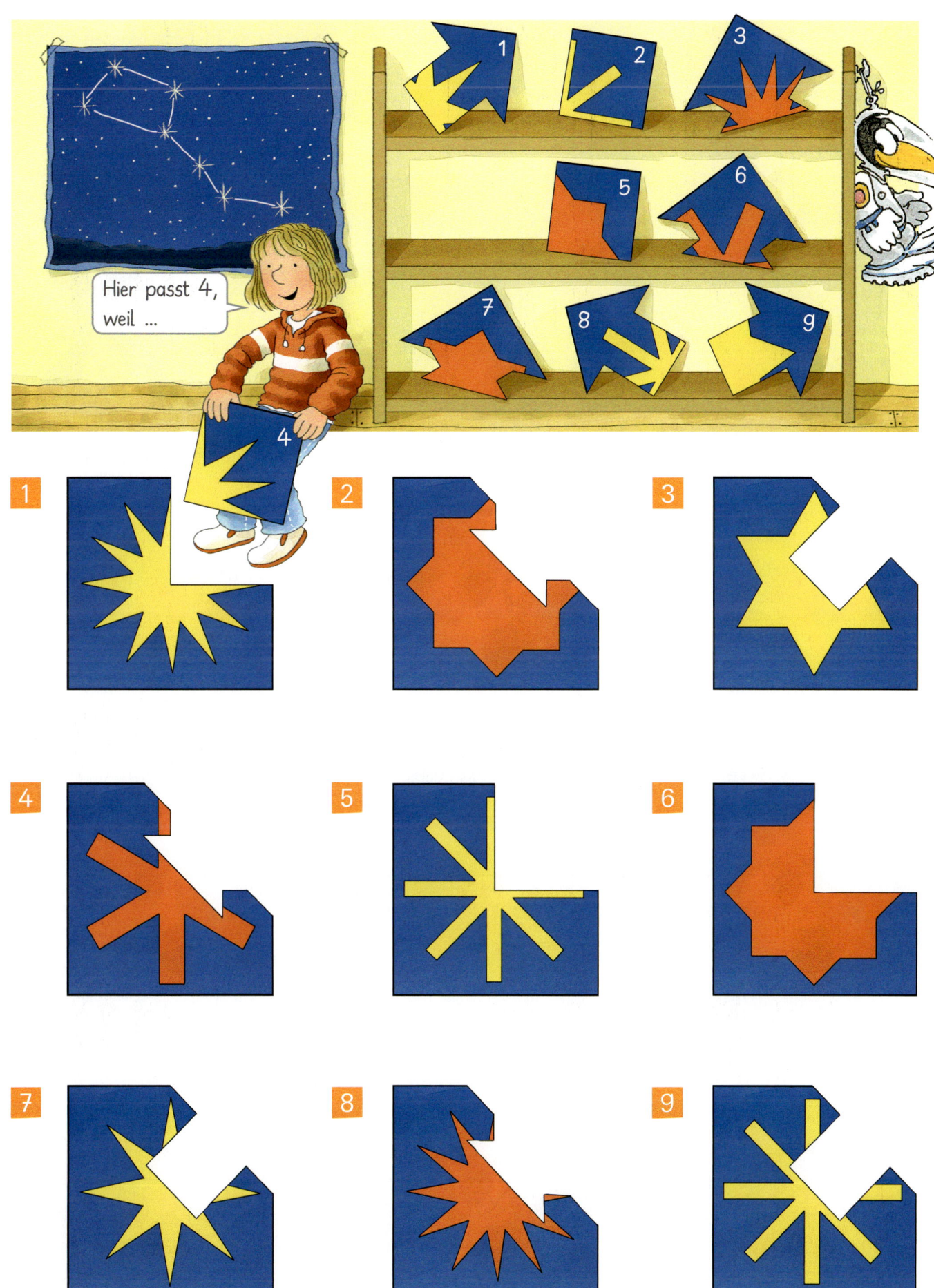

1 – 9 Jeweils angeben, welcher Zacken (1 – 9) in den Stern passt. Die Wahl begründen.

Geld

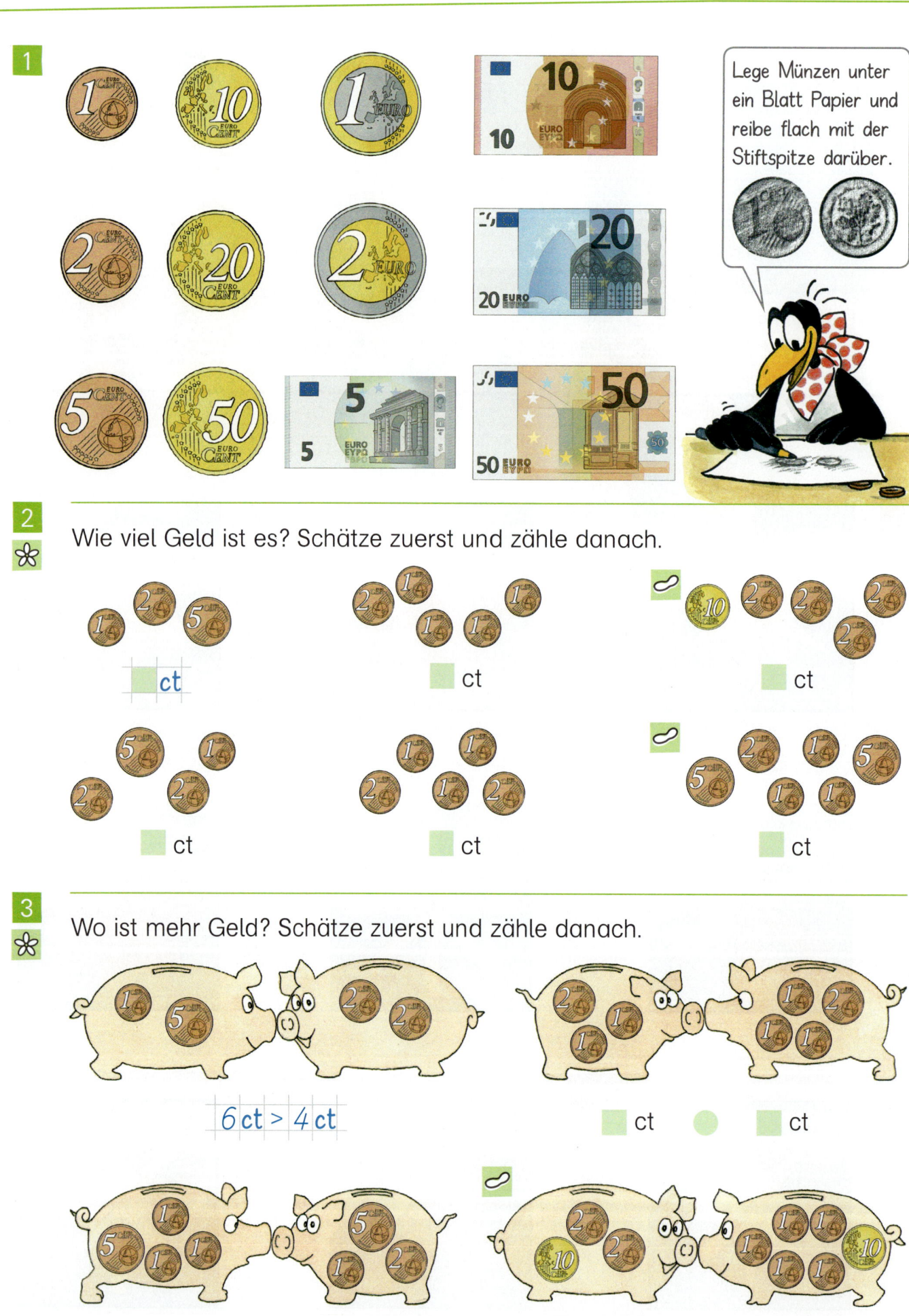

1

2 Wie viel Geld ist es? Schätze zuerst und zähle danach.

3 Wo ist mehr Geld? Schätze zuerst und zähle danach.

6 ct > 4 ct

1 Münzen und Geldscheine kennenlernen. 2 Dargestellte Geldbeträge legen und im Heft notieren. 3 Dargestellte Geldbeträge vergleichen und im Heft notieren. Begriffe mehr – weniger verwenden.

Mit Geld rechnen

1

2

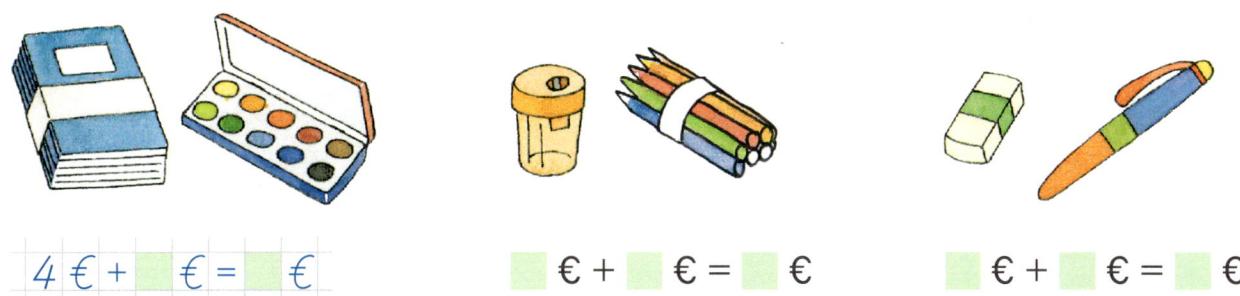

4 € + ⬚ € = ⬚ €   ⬚ € + ⬚ € = ⬚ €   ⬚ € + ⬚ € = ⬚ €

3

Was kaufst du?

4 Finde verschiedene Möglichkeiten, wie du bezahlen kannst. Lege und rechne.

4 € = 2 € + 2 €
4 € = 1 € + ⬚

Mit Geld rechnen — Informationen entnehmen

1

2 Anna hat:  Sie kauft:

F: Wie viel Geld bleibt übrig?
L: $10\ € - 9\ € =\ \ \ €$
A: ___ € bleibt übrig.

3 Tino hat:  Er kauft:

Aha, 3 Schritte:
F: fragen
L: lösen
A: antworten

Wie viel Geld bleibt übrig?

4 Peter hat:  Er kauft:

Wie viel Geld bleibt übrig?

5 Susi hatte:  Susi hat noch:

Was kann sie gekauft haben?

1 Zum Bild erzählen. **2 – 4** Gegenstände mit vorgegebenem Geld kaufen. Aufgaben legen, notieren und rechnen. Lösungsschema F-L-A (fragen-lösen-antworten) einführen. **5** Verschiedene Einkaufsmöglichkeiten im Heft notieren.

Sachrechenkartei anlegen   Rechengeschichten erfinden

1

2 Lisa löst die Aufgabe von Marc so:

Löse so auch die anderen Aufgabenkarten.

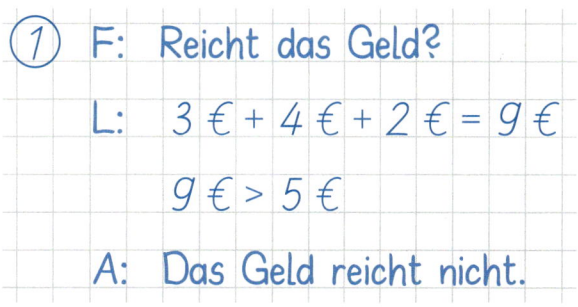

① F: Reicht das Geld?
L: 3 € + 4 € + 2 € = 9 €
9 € > 5 €
A: Das Geld reicht nicht.

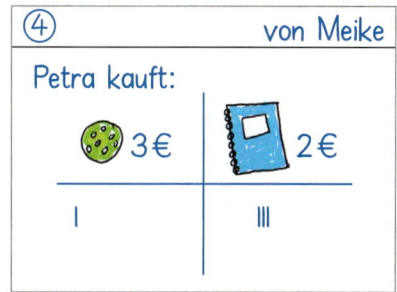

Zahlenspiel

62 Würfelspiel: Wer bringt den Korb mit den Beeren in seine „Wohnung"? Start ist bei der 10. Entsprechend der gewürfelten Augenzahl wird der Spielstein zum eigenen Ziel hin bewegt. Dies wird verbalisiert (z.B. „Ich gehe von der 10 zwei Schritte zurück zur 8.") Gewonnen hat, wer als Erster in seiner „Wohnung" ist.

Rabenhöhle

Die abgebildeten Gegenstände im Bild finden, jeweils die Anzahl bestimmen. Die Vorteile bei der Anzahlerfassung durch die übersichtliche Bündelung (z. B. Fünfergruppen) herausarbeiten.

Zehner und Einer

1

Wie viel Geld ist es? Schätze zuerst und zähle danach.

2

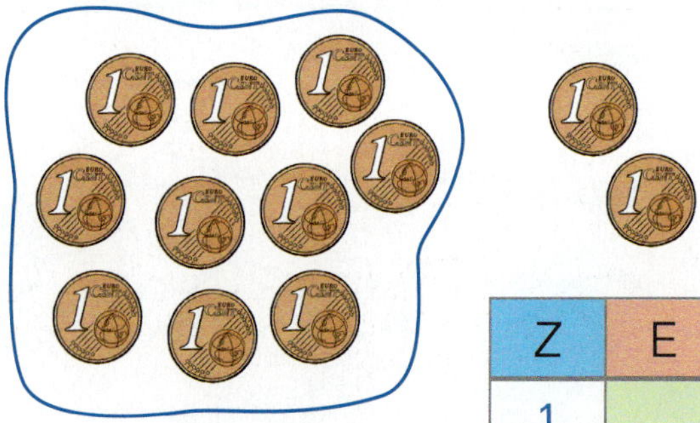

3

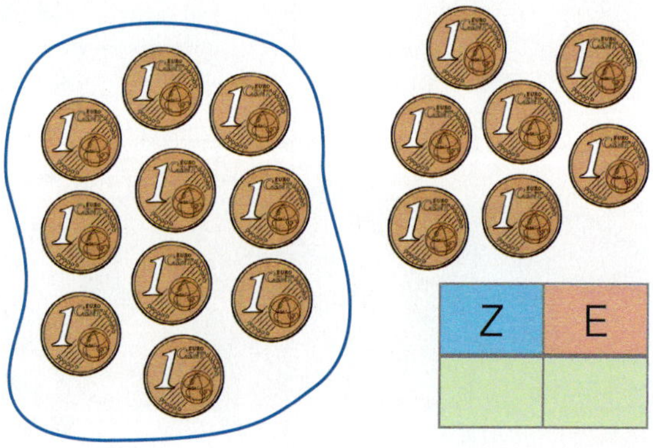

4

5

6

7

1 – 7 Stellenwerttafel einführen. Mit der Zehnerbündelung das Verständnis für die Zehner-Einer-Schreibweise der Zahlen bis 20 fördern. Bündelung mit Material (Geld, Plättchen, Steckwürfel) durchführen und notieren.

Zehner und Einer

1 13: So oder so.

Komisch: Ich spreche zuerst 3, dann 10, schreibe aber ...

13 = 10 + 3

Z	E
1	3

dreizehn

2 14 = 10 +   17 = 10 +   11 = 10 +

3 12 = 10 +   =   +   =   +

4
14 = 10 +   = 10 + 3
18 =   + 8   = 10 + 5
11 = 10 +   = 10 + 2
19 =   + 9   = 10 + 6
17 = 10 +   = 10 + 4
20 =   + 10   = 10 + 0

1 4 7 10 12 13 14 15 16

5 Lies. Schreibe die Zahlen.

fünfzehn   zwanzig
zwölf   dreizehn
vierzehn   sechzehn
siebzehn   elf
achtzehn   neunzehn

1 Über die Darstellungsmöglichkeiten sprechen. Unterschied zwischen Sprech- und Schreibweise besprechen.
2–4 Zweistellige Zahlen in Zehner und Einer zerlegen, Gleichungen im Heft notieren.

Zahlen zerlegen

Finde jeweils alle Zerlegungen.

Zerlegungen notieren.

Ordnungszahlen

1

2

5.

3

| Welches Kind hat gelbe Schuhe an? | Welches Kind hat schwarze Zöpfe? | Welches Kind hat eine Brille auf? |

| Welche Kinder haben blaue Schuhe an? | Welche Kinder haben weiße Hosen an? | Welche Kinder haben etwas Grünes an? |

1–3 Ordnungszahlen kennenlernen und zur Angabe der Reihenfolge nutzen.

Plusaufgaben üben

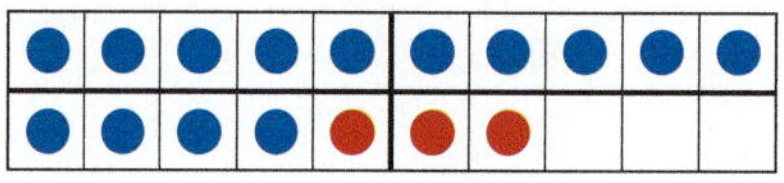

1

"Die kleine Aufgabe kann ich schon."

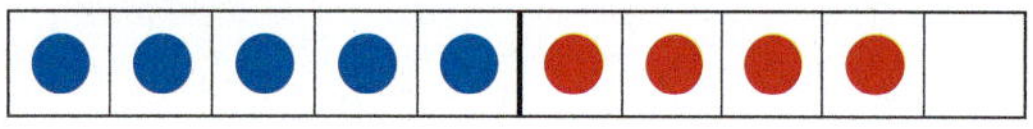

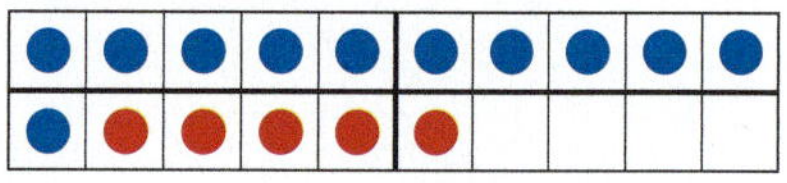

5 + 4 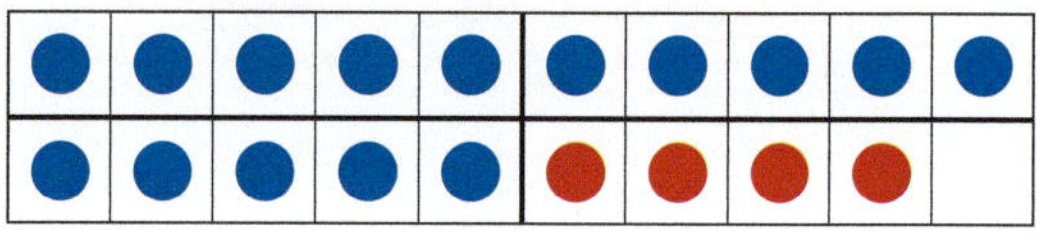   15 + 4

2

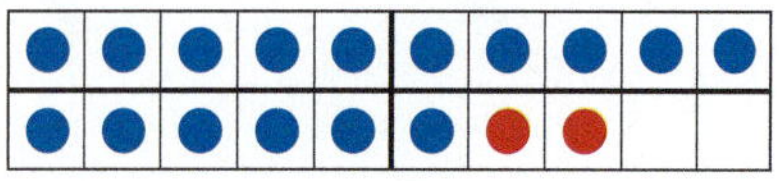

6 + 2   4 + 3   1 + 5
16 + 2   14 + 3   11 + 5

3

2 + 6   ▢ + ▢   ▢ + ▢   ▢ + ▢   ▢ + ▢
12 + 6   14 + 4   17 + 2   11 + 4   12 + 3

2 + 6 =
12 + 6 =

▢ + ▢   ▢ + ▢   ▢ + ▢   ▢ + ▢
10 + 4   13 + 5   15 + 5   18 + 1

4

11 + 3   10 + 1
12 + 2   15 + 1
13 + 3   10 + 2
14 + 2   15 + 2
15 + 3   10 + 3

5

11 + 1   10 + 10

68 **1** Zur Plusaufgabe die Hilfsaufgabe erkennen. Beide Aufgaben mit Plättchen legen. **2** Aufgabe und Hilfsaufgabe lösen.
3 Die Aufgaben können auch durch Legen oder Zeichnen gelöst werden.

Minusaufgaben üben

1

"Auch hier kann ich schon die kleine Aufgabe."

9 − 5   19 − 5

2

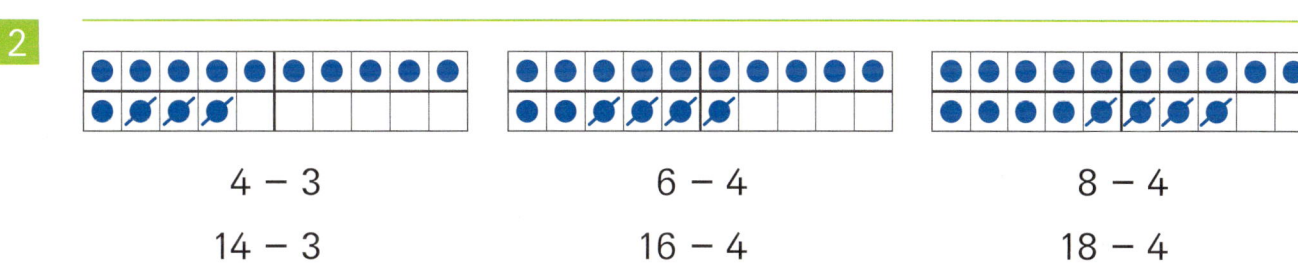

4 − 3   6 − 4   8 − 4
14 − 3   16 − 4   18 − 4

3

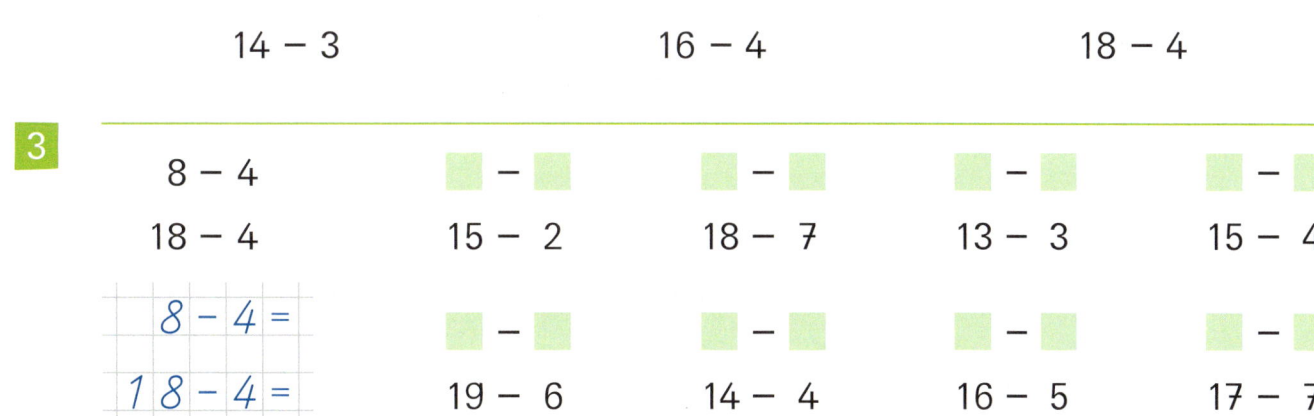

8 − 4   ▪ − ▪   ▪ − ▪   ▪ − ▪   ▪ − ▪
18 − 4   15 − 2   18 − 7   13 − 3   15 − 4

8 − 4 =
18 − 4 =   ▪ − ▪   ▪ − ▪   ▪ − ▪   ▪ − ▪
                19 − 6   14 − 4   16 − 5   17 − 7

4

10 − 1   20 − 3
20 − 1   20 − 4
10 − 2   18 − 3
20 − 2   18 − 4
10 − 3   16 − 3

5

20 − 10   17 − ▪

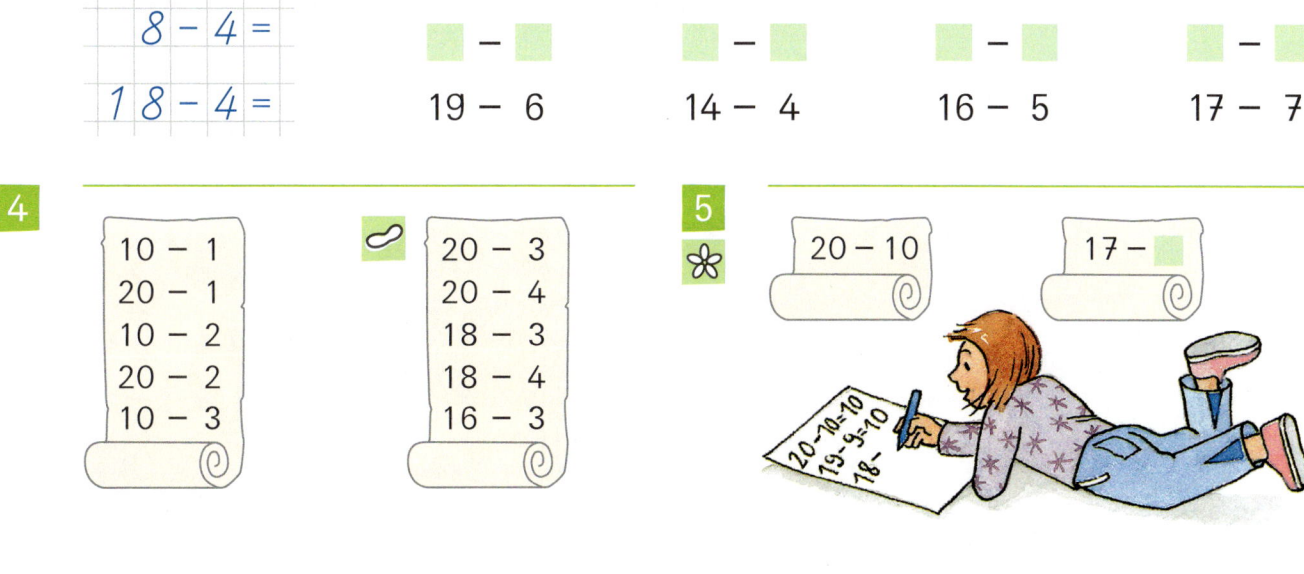

1 Zur Minusaufgabe die Hilfsaufgabe erkennen. Beide Aufgaben mit Plättchen legen und durch Wegschieben lösen.
2 Aufgabe und Hilfsaufgabe lösen.   **3** Die Aufgaben können auch durch Legen oder Zeichnen gelöst werden.

Umkehraufgaben

1

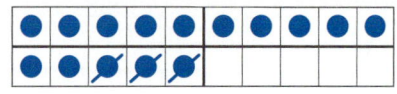 $15 - 3 = \square$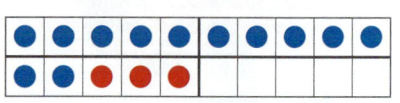
     $\square + 3 = 15$

2

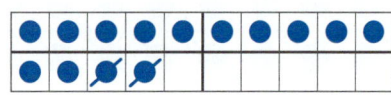      

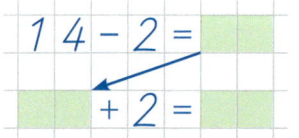 $16 - 3 = \square$ $17 - 5 = \square$
                $\square + 3 = \square$ $\square + 5 = \square$

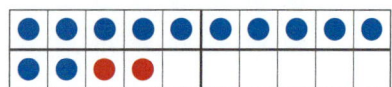      

3

| $18 - 3$ | $13 - 2$ | $17 - 6$ | $16 - 4$ | $20 - 9$ |
| $\square + 3$ | $\square + 2$ | $\square + 6$ | $\square + 4$ | $\square + 9$ |

$18 - 3 = 15$
$15 + 3 = \square$

| $19 - 5$ | $15 - 4$ | $19 - 7$ | $18 - 5$ |
| $\square + \square$ | $\square + \square$ | $\square + \square$ | $\square + \square$ |

4 Erfinde Rechengeschichten.

Mit dem Spiegel experimentieren

1 Experimentiere mit dem Spiegel.

1 Ganz oder angebissen?

2 Kurz oder lang?

3 Lachen oder weinen?

4 Viel oder wenig?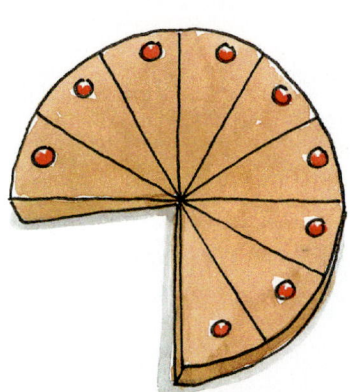

2 Welches ist das Spiegelbild? Begründe.

2 Das korrekte Spiegelbild herausfinden. Angeben, wo die Fehler in den anderen Bildern liegen.

Symmetrische Figuren

1 Falte und zeichne. Schneide aus.

2 Falte, zeichne und schneide so, dass diese achsensymmetrischen Figuren entstehen.

3 Falte ein quadratisches Papier 2-mal. Stelle Sterne her.

> Überlege zuerst, wie der Stern aussieht. Schneide dann und überprüfe.

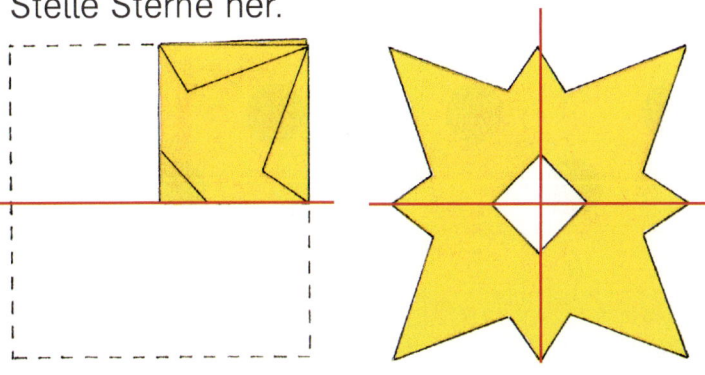

1–3 Falten, aufzeichnen, ausschneiden und entfalten.   **3** Quadratisches Papier verwenden.

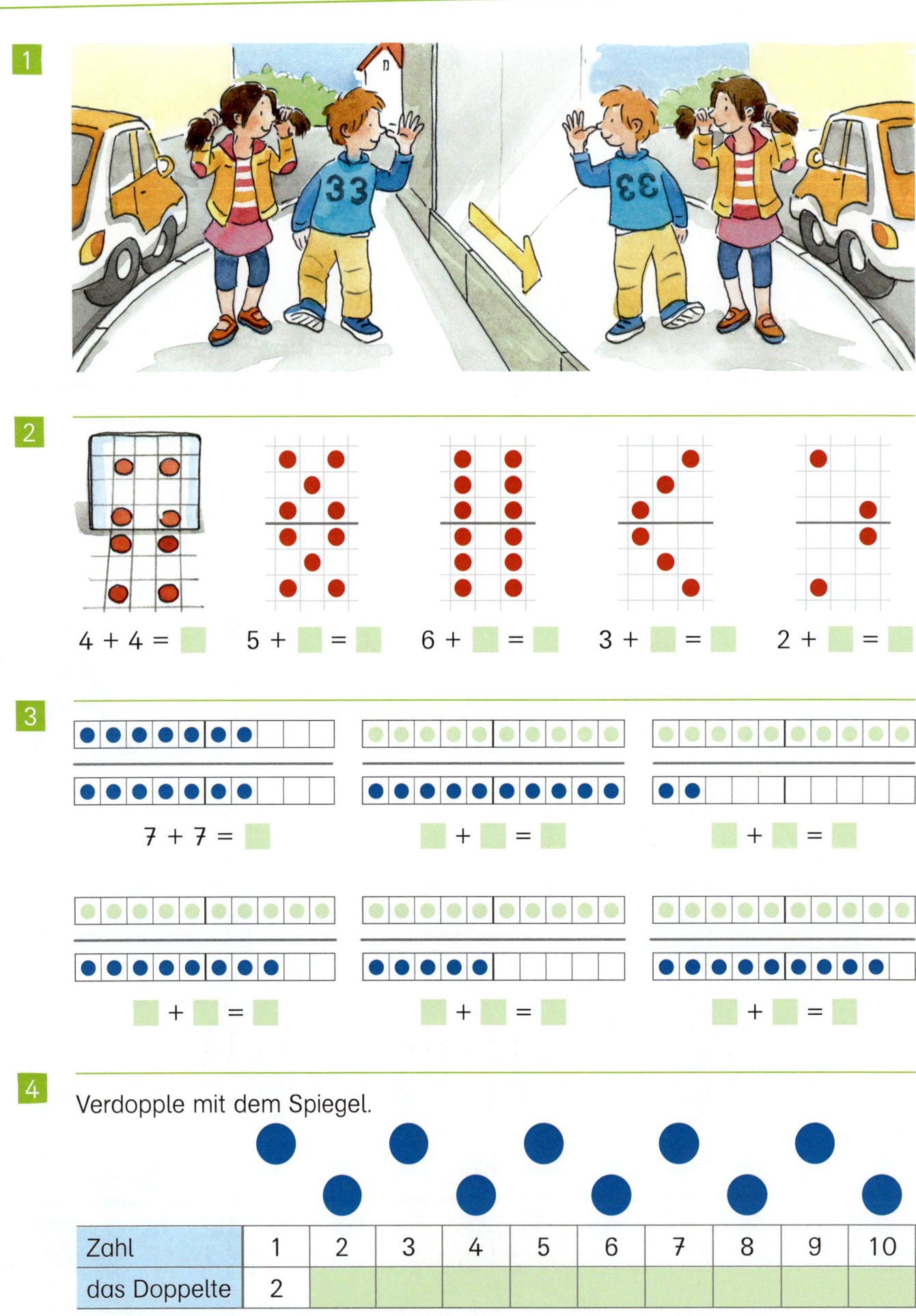

Halbieren und verdoppeln

1

2

$14 = 7 +$ ☐

11, 13, 15, 17, 19?

3

1 + 1	2 − 1	6 + 6	14 − 7	14 − 7
2 + 2	4 − 2	6 + 8	12 − 7	16 − 8
3 + 3	6 − 3	8 + 8	12 − 6	18 − 9
4 + 4	8 − 4	8 + 10	10 − 6	20 − 10

4

Zahl	20	6	13		5		2	25		24
die Hälfte				4		7			0	

Plus: Rund um die 10

1 Ergänze: Immer 10.

2 + ☐ = 10   ☐ + 1 = 10
7 + ☐ = 10   ☐ + 0 = 10
9 + ☐ = 10   ☐ + 4 = 10
10 + ☐ = 10 ☐ + 9 = 10

8 + ☐ = 10   ☐ + 3 = 10
4 + ☐ = 10   ☐ + 7 = 10
3 + ☐ = 10   ☐ + 2 = 10
5 + ☐ = 10   ☐ + 6 = 10

2 Ergänze: Zuerst zur 10.

7 + 2 + 3

8 + 6 + 2   6 + 2 + 4   8 + 7 + 2
9 + 5 + 1   2 + 6 + 8   9 + 5 + 1
2 + 8 + 4   7 + 5 + 3   4 + 7 + 3
7 + 5 + 5   6 + 9 + 1   5 + 9 + 5

3 Finde jeweils alle Zerlegungen.

3	4	5	6
3 + 0	4 + 0	5 + 0	☐ + ☐
2 + 1	3 + 1	☐ + ☐	☐ + ☐
☐ + ☐	☐ + ☐	☐ + ☐	☐ + ☐
☐ + ☐	☐ + ☐	☐ + ☐	☐ + ☐
	☐ + ☐	⋮	⋮

4

7 + 2	8 + 1	9 + 0
7 + 3	8 + 2	9 + 1
7 + 4	8 + 3	9 + 2
7 + 5	8 + 4	9 + 3

Übe die Verdopplungsaufgaben.

1 + 1
2 + 2
3 + 3
4 + 4

1 – 4 Zentrale Übungen zum Ergänzen zur 10 und Zerlegen in Vorbereitung auf die Zehnerüberschreitung mit Plus.
1 Spiel zum Ergänzen zur 10 (Beilage).

Zehnerübergang mit plus

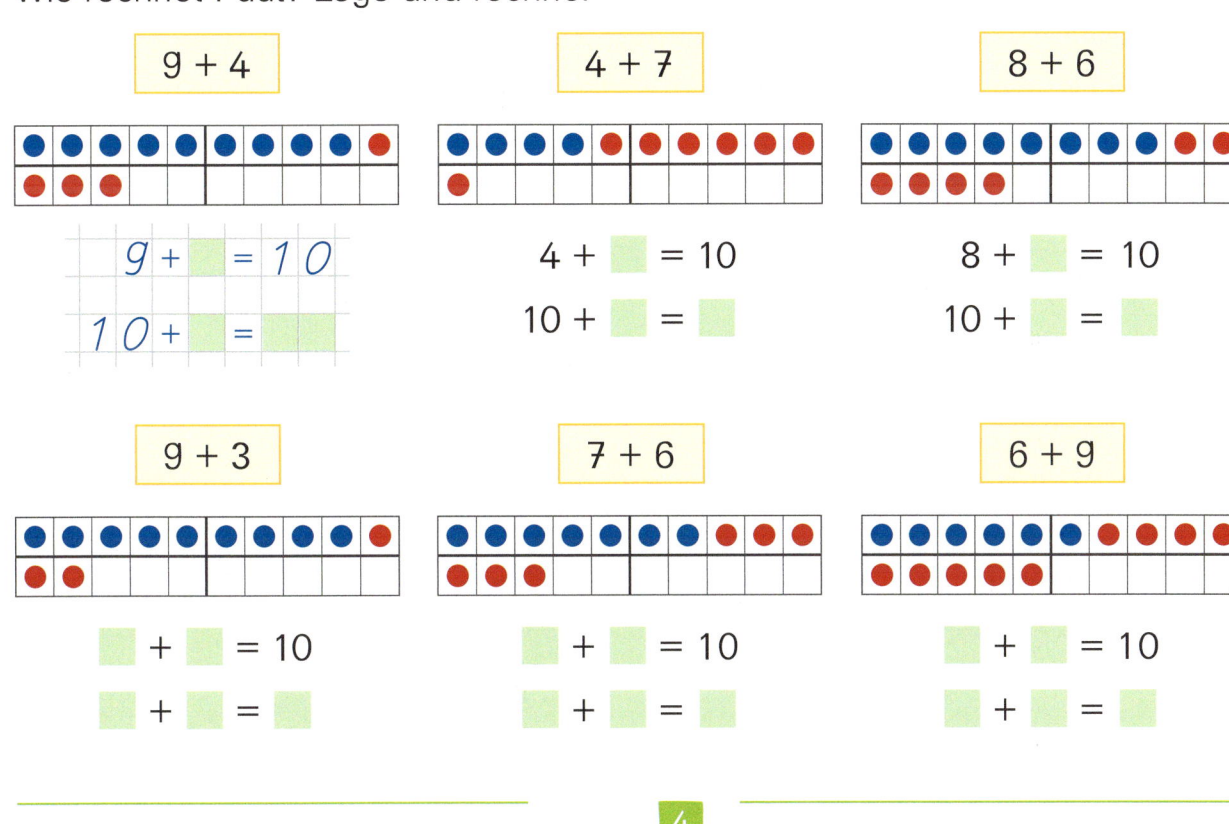

3
8 + 4	9 + 7	9 + 5
9 + 9	8 + 6	8 + 8
5 + 7	3 + 9	7 + 9
9 + 3	5 + 9	4 + 10
6 + 8	4 + 8	7 + 5

12 14 16 18

4
5 + 8	2 + 9	7 + 8
8 + 3	9 + 2	6 + 5
9 + 6	8 + 7	7 + 4
4 + 7	5 + 6	3 + 8
6 + 7	4 + 9	8 + 9

11 13 15 17

1 Zehnerübergang am Bild und Zwanzigerfeld erarbeiten.

77

Rechenstrategien mit plus

1 Wie rechnest du?

2

Zwischenstopp bei 10:

7 + 8

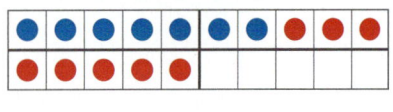

7 + ☐ = 10
10 + ☐ = ☐

8 + 9

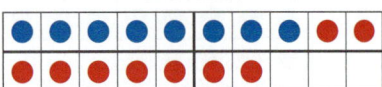

6 + 5

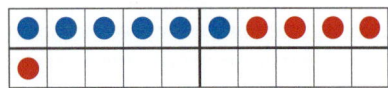

Verdoppeln:

7 + 8

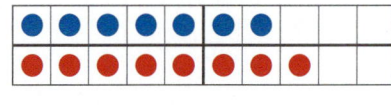

7 + 7 = ☐
☐ + ☐ = ☐

8 + 9

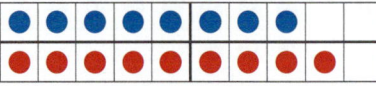

6 + 5

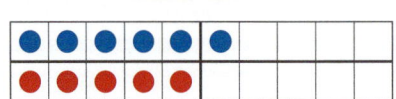

Zehner sehen:

7 + 8

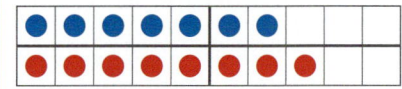

5 + 5 = ☐
☐ + ☐ = ☐

8 + 9

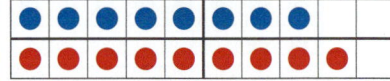

6 + 5

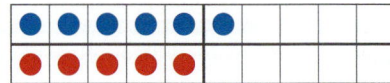

3

8 + 7	7 + 9	6 + 8	7 + 6
7 + 5	5 + 9	7 + 7	5 + 8
6 + 9	9 + 3	9 + 7	6 + 6

Wie rechnest du?

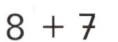
12 13 14 15 16

1 Selbstgesteuertes Lernen: eigene Strategien entwickeln und im Rahmen einer Rechenkonferenz besprechen. Die Strategien im Buch dienen als Anregung.   **2** Die Strategien üben.   **3** Eigene Strategie wählen, in der Gruppe vergleichen.

Plus: Vorteilhaft rechnen

1

3 + 8	5 + 9	6 + 7
2 + 9	4 + 7	3 + 9
5 + 7	5 + 6	5 + 8
4 + 9	6 + 9	7 + 8
6 + 8	4 + 8	7 + 9

2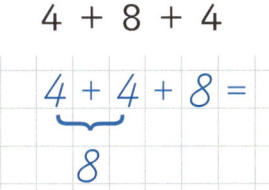

	5 + 7 + 5	8 + 5 + 2	7 + 1 + 9
	3 + 9 + 3	9 + 4 + 1	4 + 7 + 4
	8 + 3 + 8	6 + 7 + 4	6 + 3 + 7
	7 + 4 + 7	3 + 8 + 7	7 + 6 + 6
	6 + 8 + 6	5 + 6 + 5	6 + 2 + 8

3 Rechne vorteilhaft mit der 9.

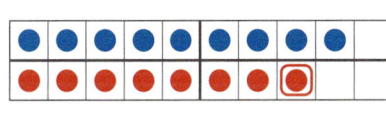 

9 + 3	2 + 9	9 + 6	9 + 7	5 + 9
9 + 5	8 + 9	9 + 8	9 + 9	6 + 9
9 + 4	7 + 9	9 + 2	9 + 10	3 + 9

4 Triff die ☐ 15 ☐ und die ☐ 22 ☐. Finde verschiedene Lösungen.

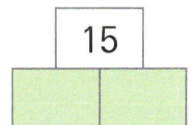 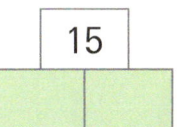 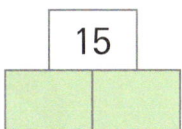 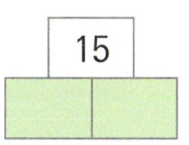 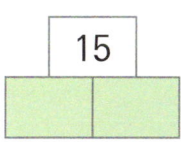

   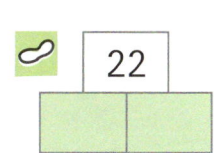 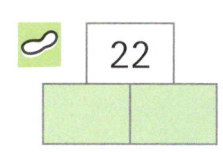

1 – 3 Vorteilhaft rechnen. 4 Verschiedene Möglichkeiten finden, die Zielzahl zu erreichen. Lösungen vergleichen, Systematik entwickeln.

1 + 1 Tafel

1 Ich lege 3 Plättchen. Kannst du meine gelegten Aufgaben lösen?

Ja, die Ergebnisse sind immer ▢.

Julia — Stefan

+	0	1	2	3	4	5	6	7	8	9	10
0	0+0	0+1	0+2	0+3	0+4	0+5	0+6	0+7	0+8	0+9	0+10
1	1+0	1+1	1+2	1+3	1+4	1+5	1+6	1+7	1+8	1+9	1+10
2	2+0	2+1	2+2	2+3	2+4	2+5	2+6	2+7	●	2+9	2+10
3	3+0	3+1	3+2	3+3	3+4	3+5	3+6	●	3+8	3+9	3+10
4	4+0	4+1	4+2	4+3	4+4	4+5	●	4+7	4+8	4+9	4+10
5	5+0	5+1	5+2	5+3	5+4	5+5	5+6	5+7	5+8	5+9	5+10
6	6+0	6+1	6+2	6+3	6+4	6+5	6+6	6+7	6+8	6+9	6+10

2

Welche Aufgabe hat
- das kleinste Ergebnis?
- das größte Ergebnis?

Welche Aufgaben ergeben:

| 3 | 4 |
| 7 | 12 |

🥜 Finde je 2 Aufgaben, deren Ergebnisse zusammen 20 ergeben.

3 Was fällt dir auf? Beschreibe.

Decke alle Aufgaben mit
- dem Ergebnis 10 ab.
- dem Ergebnis 15 ab.
- einem Ergebnis über 15 ab.

Decke 4 Aufgaben und ihre Tauschaufgaben ab.

Betrachte die
- hellen gelben Felder.
- dunklen gelben Felder.
- blauen Felder.
- roten Felder.

🥜 Zähle die Ergebnisse der folgenden Felder zusammen:

0+0 + 0+10

1+1 + 1+9

...

2+7 + 2+9

3+6 + 3+8

...

1 Plättchen legen und abgedeckte Aufgaben lösen.   2, 3 Aufbau und Struktur der 1+1-Tafel entdecken.

Minus: Rund um die 10

1 Ziel: Immer 10.

15 − 5 = ☐   16 − 6 = ☐
17 − ☐ = 10   18 − ☐ = 10
12 − 2 = ☐   14 − 4 = ☐
19 − ☐ = 10   10 − ☐ = 10

13 − 3 = ☐   11 − 1 = ☐
16 − ☐ = 10   15 − ☐ = 10
18 − 8 = ☐   17 − 7 = ☐
14 − ☐ = 10   12 − ☐ = 10

2 Zuerst bis zur 10.

14 − 4 − 5

14 − 4 − 5 =
          10

17 − 7 − 3   16 − 6 − ☐ = 1   19 − 9 − ☐ = 6
17 − 7 − 6   16 − 6 − ☐ = 3   19 − 9 − ☐ = 2
17 − 7 − 4   16 − 6 − ☐ = 8   19 − 9 − ☐ = 9
17 − 7 − 2   16 − 6 − ☐ = 5   19 − 9 − ☐ = 4

3 Finde jeweils alle Zerlegungen.

4

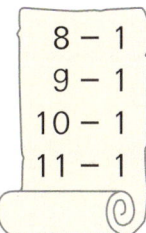

8 − 1   7 − 2   8 − 4
9 − 1   8 − 2   9 − 4
10 − 1   9 − 2   10 − 4
11 − 1   10 − 2   11 − 4

Übe die Halbierungsaufgaben.

2 − 1
4 − 2
6 − 3
8 − 4

1 − 4 Zentrale Übungen zum Abziehen zur 10 und Zerlegen in Vorbereitung auf die Zehnerüberschreitung mit Minus.

Zehnerübergang mit minus

1

2 Wie rechnet Paul? Lege und rechne.

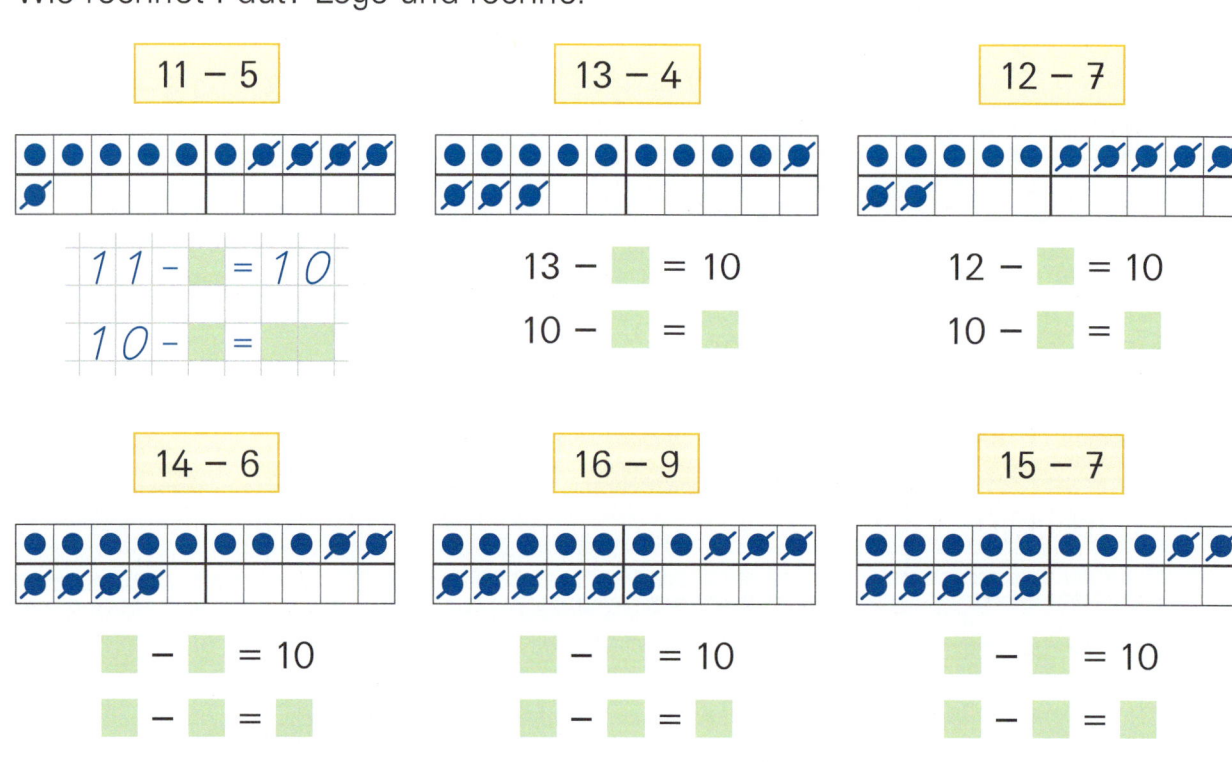

11 − 5
11 − ☐ = 10
10 − ☐ = ☐

13 − 4
13 − ☐ = 10
10 − ☐ = ☐

12 − 7
12 − ☐ = 10
10 − ☐ = ☐

14 − 6
☐ − ☐ = 10
☐ − ☐ = ☐

16 − 9
☐ − ☐ = 10
☐ − ☐ = ☐

15 − 7
☐ − ☐ = 10
☐ − ☐ = ☐

3
13 − 6	16 − 7	11 − 6
11 − 2	14 − 9	15 − 8
15 − 6	14 − 5	14 − 7
13 − 8	11 − 4	12 − 3
12 − 5	18 − 9	17 − 8

5 7 9

4
14 − 8	11 − 3	17 − 9
12 − 6	11 − 9	16 − 8
11 − 8	12 − 9	15 − 9
12 − 8	11 − 7	13 − 9
13 − 7	13 − 5	12 − 4

2 3 4 6 8

1 Zehnerübergang am Bild und Zwanzigerfeld erarbeiten.

Rechenstrategien mit minus

1 Wie rechnest du?

2

Zwischenstopp bei 10:

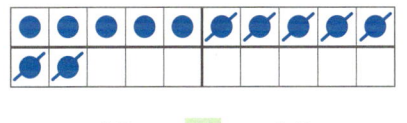

12 − ▢ = 10
10 − ▢ = ▢

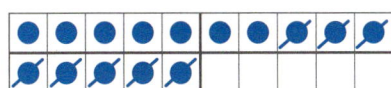

15 − 8

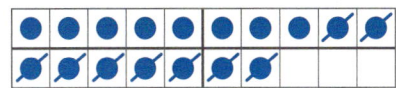

17 − 9

Halbieren:

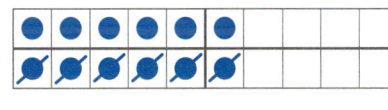

12 − ▢ = ▢

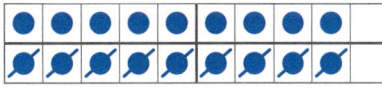

18 − 9

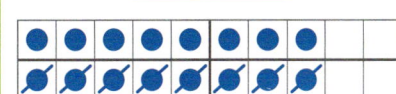

16 − 8

5 wegnehmen:

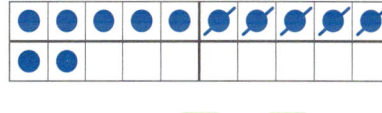

12 − ▢ = ▢

13 − 5

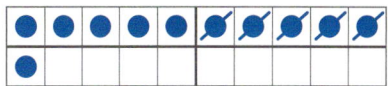

11 − 5

3

14 − 8	13 − 9	16 − 7	16 − 8
15 − 9	17 − 8	12 − 4	11 − 5
11 − 7	12 − 8	13 − 7	15 − 7

4 6 8 9

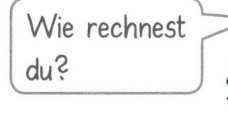

1 Selbstgesteuertes Lernen: eigene Strategien entwickeln und im Rahmen einer Rechenkonferenz besprechen. Die Strategien im Buch dienen als Anregung. **2** Die Strategien üben. **3** Eigene Strategie wählen, in der Gruppe vergleichen.

Minusaufgaben üben

1 Triff die $\boxed{9}$. Wie viele Aufgaben findet ihr?

$\boxed{5}$ $\boxed{6}$ $\boxed{7}$ $\boxed{8}$

2

6 − 3	5 − 2	11 − 6	10 − 5	16 − 9
8 − 4	7 − 3	12 − 6	11 − 5	16 − 8
10 − 5	9 − 4	13 − 7	12 − 6	15 − 7
12 − 6	11 − 5	14 − 7	13 − 6	15 − 6

10 − 8	13 − 1	12 − 3	14 − 7	☐ − ☐
15 − 8	13 − 6	15 − 6		
11 − 8	13 − 2	13 − 4		
16 − 8	13 − 7	16 − 7		
12 − ☐	☐ − 3	14 − 5		

3

14 − 5 − 4	12 − 5 − 2	16 − 9 − 6	18 − 9 − 5
12 − 7 − 3	11 − 8 − 1	13 − 3 − 4	12 − 8 − 2
11 − 5 − 1	14 − 6 − 3	17 − 8 − 3	13 − 7 − 6
16 − 9 − 2	15 − 8 − 0	15 − 6 − 2	14 − 0 − 7

1 Ein Schüler nennt eine passende Aufgabe zum vorgegebenen Ergebnis. Der Partner kontrolliert und stellt dann eine passende Aufgabe.

Minus: Vorteilhaft rechnen und kontrollieren

1

11 − 7	11 − 3	11 − 5
13 − 5	13 − 6	12 − 4
17 − 8	15 − 7	13 − 9
12 − 5	13 − 4	16 − 8
14 − 5	12 − 3	14 − 6
16 − 7	18 − 9	17 − 9

2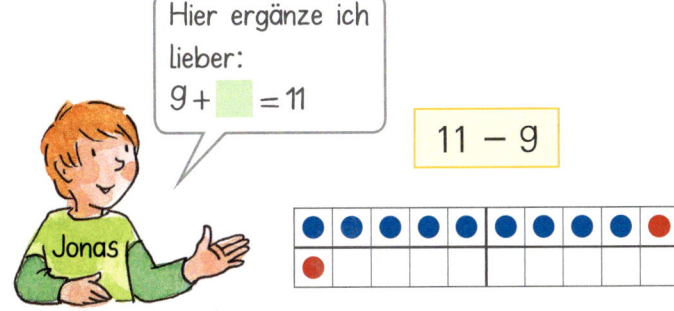

12 − 8	12 − 9	15 − 8
11 − 6	13 − 7	14 − 8
14 − 6	11 − 8	12 − 6
14 − 7	15 − 9	13 − 8
15 − 6	12 − 7	14 − 9

3 Rechne vorteilhaft mit der 9.

17 − 9

17 − 10 + 1 =

13 − 9	18 − 9
12 − 9	14 − 9
15 − 9	19 − 9
11 − 9	16 − 9

4

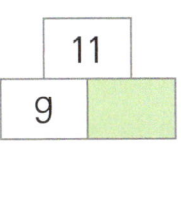 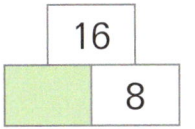 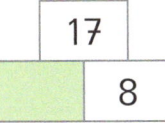 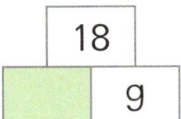 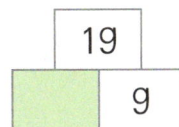 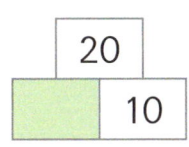

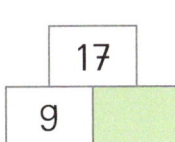 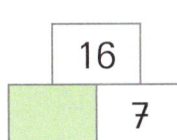 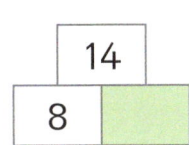 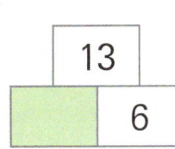 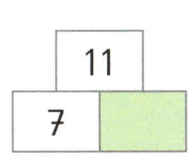

1 Umkehraufgaben als Kontrollmöglichkeit einführen. **2** Die Möglichkeit, Minusaufgaben durch Ergänzen zu lösen, thematisieren. **2, 3** Vorteilhaft rechnen.

Aufgabenfamilien

1

$2 + 3 = 5$ ⟷ Tauschaufgabe $3 + 2 = 5$

↙ Umkehraufgabe   ↙ Umkehraufgabe

$5 - 3 = 2$ $5 - 2 = 3$

2

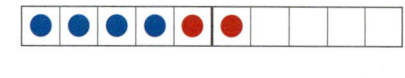

$4 + 2$ $2 + 4$ $7 + 2$ $2 + 7$
$6 - 2$ $6 - \square$ $9 - 2$ $9 - \square$

| 4 | 3 | 7 | | 3 | 5 | 8 | | 1 | 4 | 5 |

$4 + 3$ $3 + 4$ $3 + 5$ $5 + \square$ | 6 | 2 | 8 |
$7 - 3$ $7 - 4$ $8 - \square$ $\square - \square$

| 7 | 3 | 10 |

3

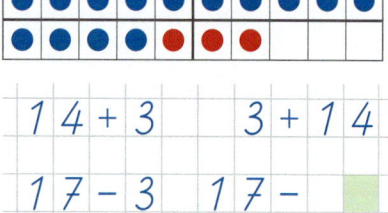

$14 + 3$ $3 + 14$ $13 + 7$ $7 + \square$
$17 - 3$ $17 - \square$ $20 - \square$ $\square - \square$

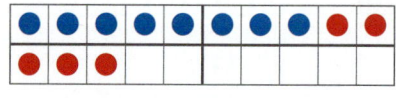

| 14 | 5 | 19 | | 14 | 4 | 18 | | 12 | 7 | 19 |

$14 + 5$ $5 + 14$ $14 + 4$ $4 + \square$
$19 - 5$ $19 - \square$ $18 - \square$ $\square - \square$

| 7 | 6 | 13 |

1 – 3 Immer 4 Aufgaben gehören zusammen. Eine Aufgabe reicht aus, um alle Aufgaben einer „Familie" zu finden.

Aufgabenfamilien

1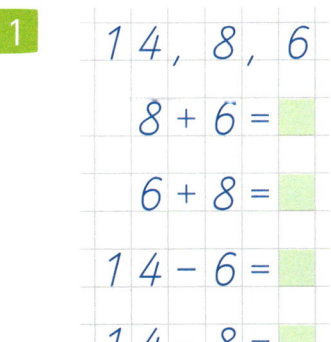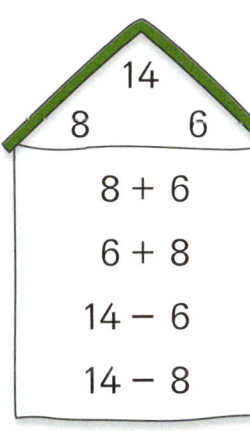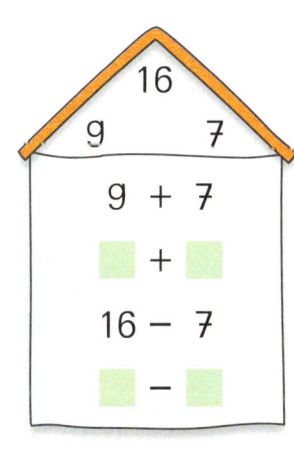

 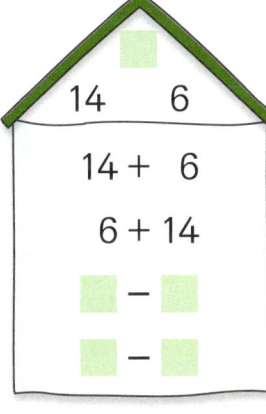 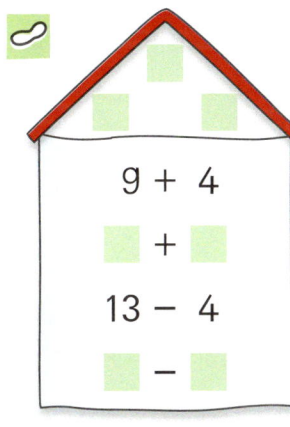 

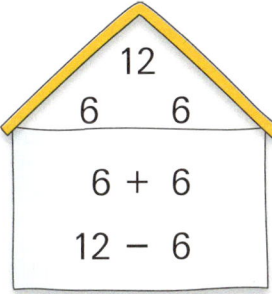 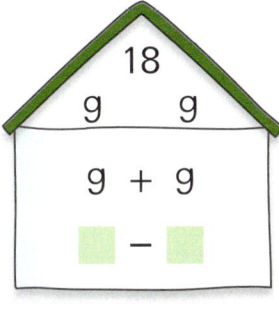  

2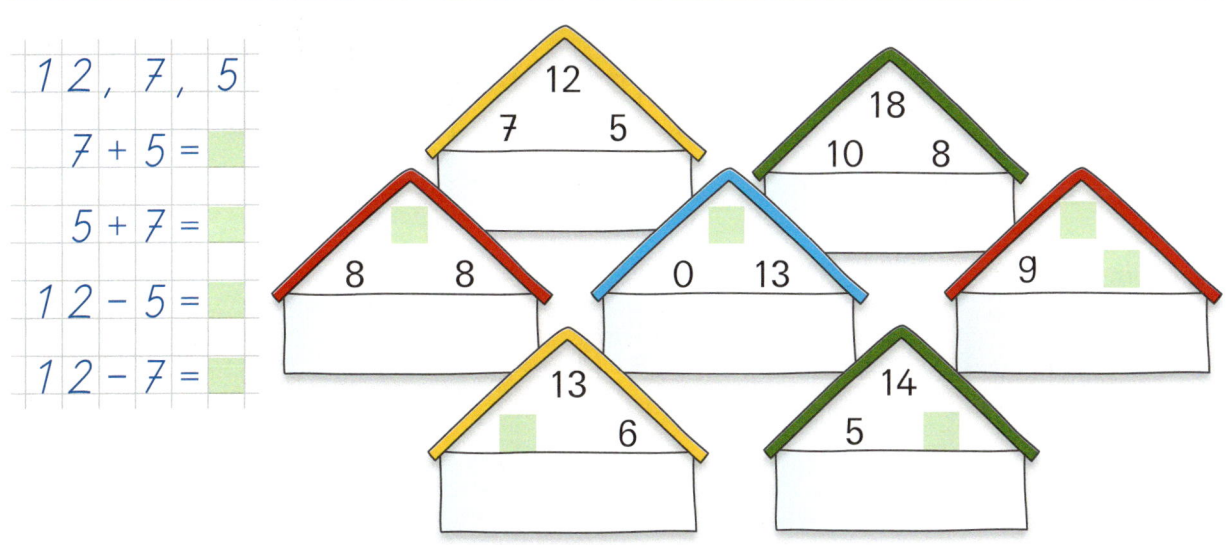

1, 2 Alle Aufgaben ergeben sich aus den vorgegebenen Zahlen im Dach eines Hauses.

Nachbaraufgaben lösen

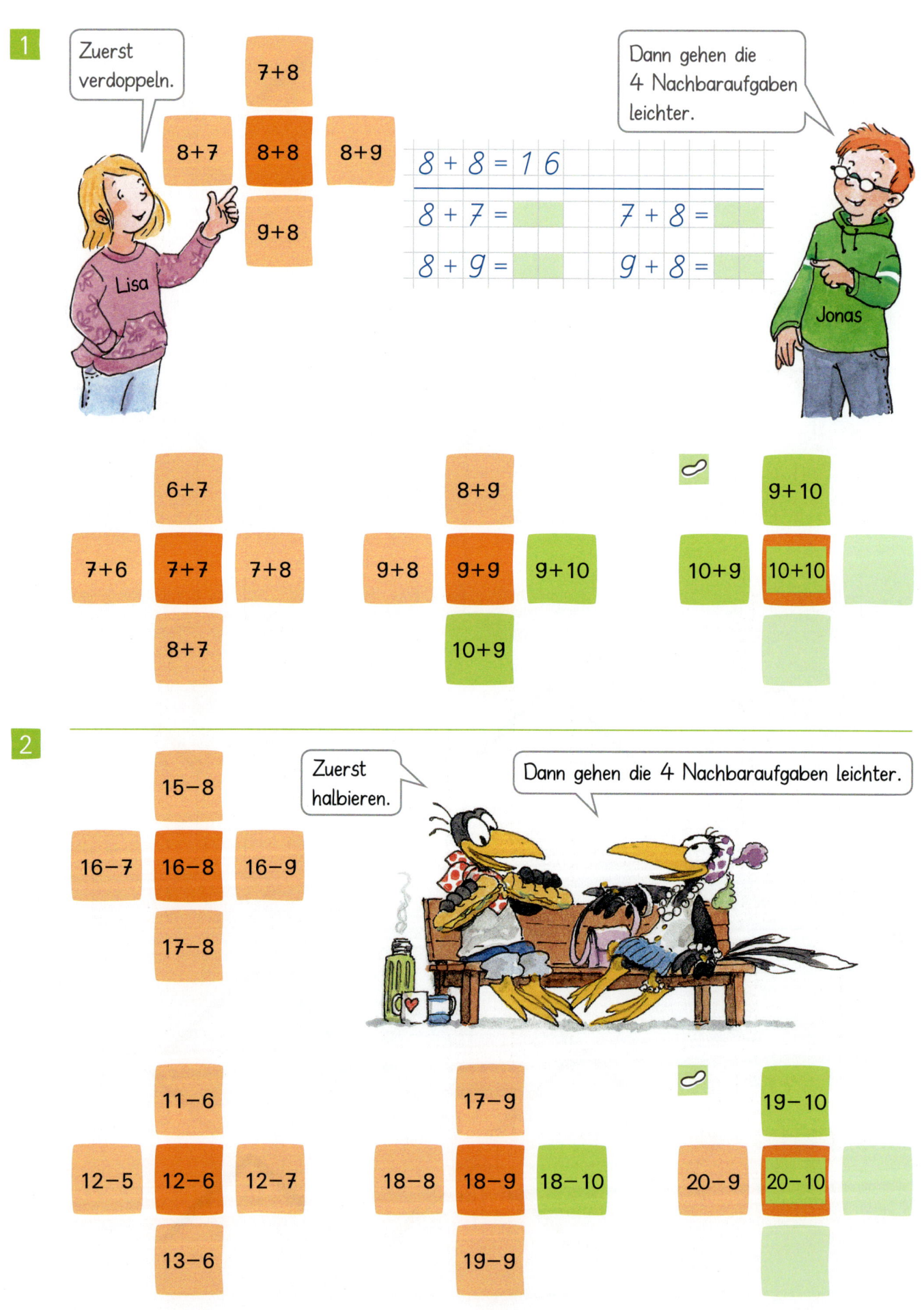

88 1, 2 Mithilfe der 1 + 1-Tafel Nachbaraufgaben erschließen. Über das Verdoppeln und Halbieren Nachbaraufgaben lösen.

Tabellen bearbeiten

1

2 Immer eine Zahl aus einer Zeile und einer Spalte ergeben eine Aufgabe.

3

4

−	3	4	6	9
20				
18				
15				

−	2	5	7	8
19				
16				
14				

5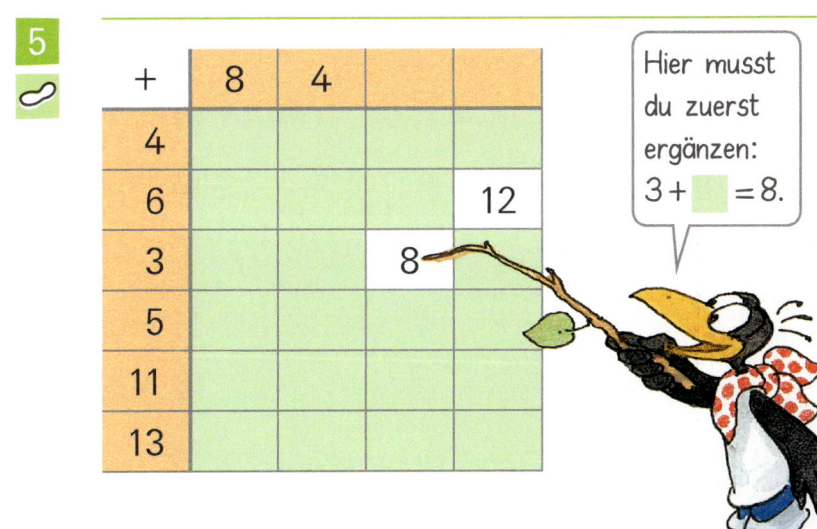

Hier musst du zuerst ergänzen: 3 + ☐ = 8.

−	6	8
14		9
18		14
12		
15		
20		
22		

1 – 5 Die Tabelle als Übungsformat einführen und üben.

Vorteilhaft rechnen mit mehreren Zahlen

1

2 Rechne wie Paul oder Lisa.

5 + 5 + 2 =

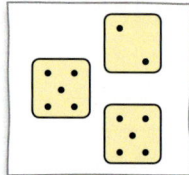  

   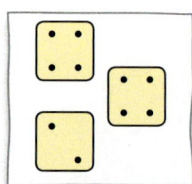 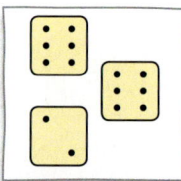

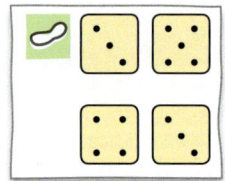 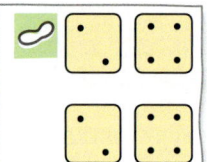 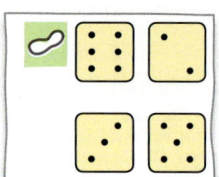 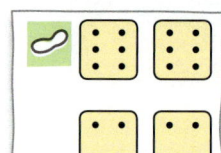 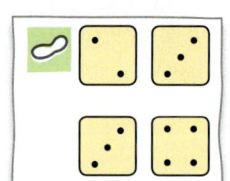

3

14 − 7 − 4   18 − 3 − 9
13 − 6 − 3   15 − 2 − 5
12 − 5 − 6   17 − 6 − 7
18 − 7 − 8   14 − 7 − 3
1 3 4 6 8

14 − 8 − 4   11 − 5 − 1
12 − 5 − 2   12 − 3 − 6
16 − 5 − 8   18 − 9 − 8
19 − 2 − 9   16 − 2 − 6
1 2 3 5 8

1, 2 Rechenvorteile beim Rechnen mit 3 oder 4 Zahlen nutzen.   3 Rechenvorteile beim Rechnen mit 3 Zahlen nutzen.

Bienenspiel

Spielidee: Gewürfelte Augenzahlen von 3 Würfeln entweder zusammenrechnen oder abziehen. Die errechnete Zahl mit einem Plättchen belegen. Bei bereits belegter Zahl das Plättchen des Partners wenden. Jeder Spieler würfelt 9-mal. Gewonnen hat, wer die meisten Felder belegt.

Mit Geld umgehen

1 Ihr braucht: 2 (10), 4 (5), 10 (2), 10 (1) Ziel: Triff genau 20 Cent.

Jetzt muss ich gut auswählen. Ich lege 2 Cent.

Legt immer abwechselnd.

So kann ich die 20 Cent noch nicht erreichen.

2 Welche Münzen fehlen?

20 Cent   20 Cent   15 Cent   15 Cent

3 Lege alle Geldbeträge von 3 Cent bis 20 Cent.
Nimm immer möglichst wenige Münzen.

Für manche Geldbeträge brauche ich 3 Münzen. Für welche Geldbeträge brauche ich sogar 4 Münzen?

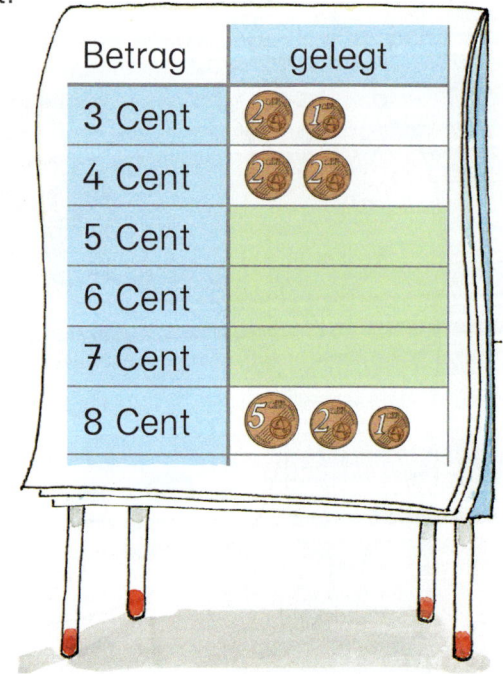

1 Gewinnstrategien erproben, erkennen und beschreiben. Jedes Kind nimmt abwechselnd eine Münze und legt sie zur Geldmenge dazu. Wer zuerst 20 Cent erreicht, gewinnt.   2 Fehlende Münzen ermitteln.   3 Beträge systematisch legen.

Mit Geld umgehen

1 Wie viel Geld bleibt jeweils übrig?

- Ich nehme 2 Scheine.
- Dann können noch ☐ übrig bleiben.
- Ich nehme 3 Münzen.
- Ich nehme einen Schein und eine Münze. Und du?

2 Welche Scheine und Münzen sind es?

14 € 16 € 18 € 19 €

3 Wie viel Geld könnte jeweils im zweiten Schwein sein? Finde mehrere Lösungen.

9 € > ☐ €

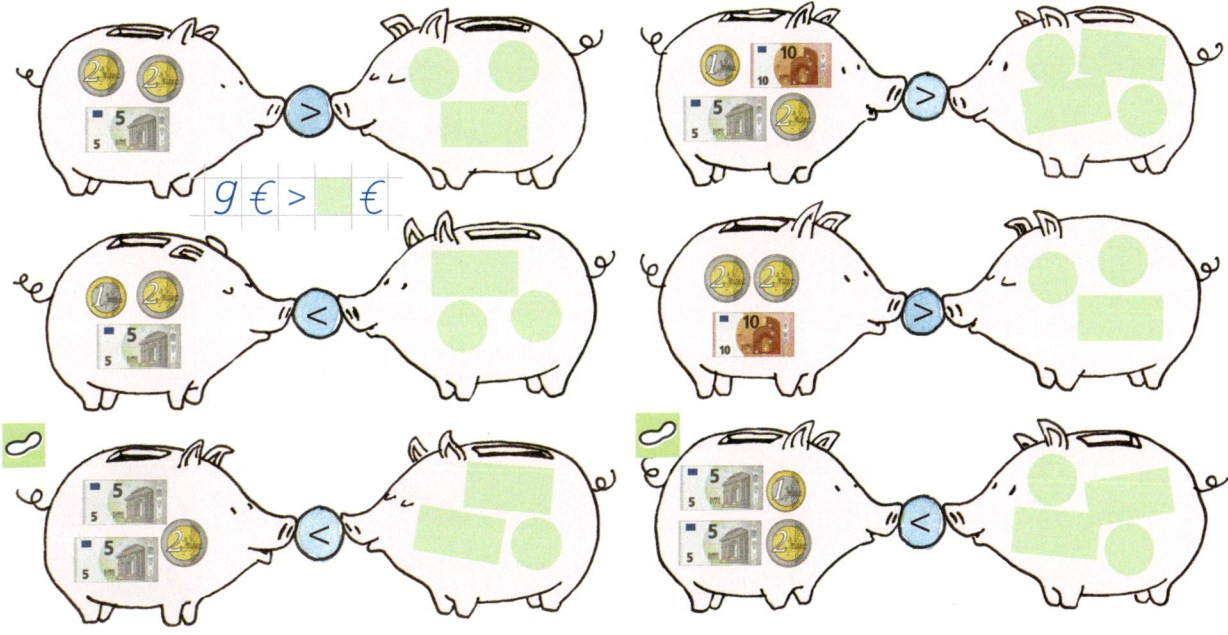

1 Geldbeträge nachlegen und die Aufgabe handelnd lösen. 2 Geldbeträge legen. 3 Mögliche Geldbeträge legen. Ungleichung im Heft notieren.

93

In der Zoohandlung — Offene Rechengeschichten

1   ☐ + ☐ = ☐

2   ☐ − ☐ = ☐

3

4

5 In einem Käfig sitzen schwarze, weiße und braune Hasen. Insgesamt sind es 15. Es gibt mehr braune als weiße Hasen. Die wenigsten Hasen sind schwarz.

In der Zoohandlung gibt es Papageien und Hamster. Zusammen haben sie 14 Beine.

6 Erzähle und schreibe eigene Rechengeschichten.

2 + 7   15 + 3   17 − 7

26 − 5   ☐ − ☐

1–5 Zu den Bildern erzählen. Fragen formulieren, Lösungswege notieren und beschreiben, Antwortsätze formulieren.
6 Zu den Aufgaben Geschichten erzählen, für eine Sachrechenkartei notieren oder ins Heft malen.

Lösungsskizzen erstellen — Aufgabenrätsel

1

Mira hat 4 Murmeln.
Anja hat 2 Murmeln mehr.
Wie viele Murmeln haben sie zusammen?

Tina:
M o o o o
A o o o o o o

Leon:
M | A
IIII | IIII
     | II

Emil (Ich habe das Wort „mehr" übersehen.):
M x x x x
A x x

Und ich habe 2 Murmeln weniger als beide zusammen.

2 Murat ist 5 Jahre alt. Azra ist 3 Jahre jünger. Wie alt sind sie zusammen?

Meine Skizze.

3 Lukas ist 3 Jahre älter als Marc. Marc ist 1 Jahr älter als Tina. Tina ist 3 Jahre alt. Wie alt sind Lukas und Marc?

4 Ein Zug hat 7 Wagen. Anne steigt in den 1. Wagen ein. Heike steigt in den 5. Wagen ein. Wie viele Wagen sind zwischen ihnen?

5 Toni hat 3 rote und 4 blaue Autos. Hannes hat 1 rotes weniger, aber 2 blaue Autos mehr als Toni. Wer hat mehr Autos?

6 Erzähle und schreibe Rechengeschichten.

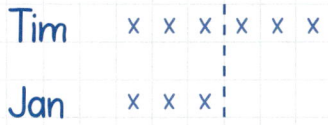

Naomi o o o o o o
Mona   o o o o o ø ø

Tim x x x x x x
Jan x x x

1 Verschiedene Lösungsskizzen kennenlernen und auf Richtigkeit überprüfen. **2–5** Die Rätsel mithilfe von Lösungsskizzen lösen. **6** Zu den Lösungsskizzen Rechengeschichten erzählen und aufschreiben.

Zufall und Wahrscheinlichkeit

1

2 Wie siehst du es?

Der Juli gehört zum Sommer.
Der Februar hat 29 Tage.
Im Mai schneit es.
Weihnachten ist am 24.06.

Ein Papagei kann sprechen.
Jeder Fisch kann fliegen.
Eine Ente kann schwimmen.
Eine Robbe kann tanzen.

3 Wie siehst du es? Ordne zu.

Es ist unmöglich, dass …	man 4-mal hintereinander eine 6 würfelt.
Es ist unwahrscheinlich, dass …	ein Hund Kunststücke lernt.
Es ist möglich, dass …	alle Kinder Eis mögen.
Es ist wahrscheinlich, dass …	Weihnachten im Dezember ist.
Es ist sicher, dass …	ein Fisch sprechen kann.

 Schreibe eigene Sätze: Es ist …

1 Gemeinsam an der Tafel die Begriffe klären und Beispiele finden.   **2** Eigene Standpunkte klären und begründen.
3 Die neuen Begriffe anwenden.

Zufall und Wahrscheinlichkeit

1 Was denkst du, wer gewinnt? Werft 30-mal.

2 Betrachte das Spiel aus Aufgabe 1.

Was ist unmöglich , unwahrscheinlich , möglich , wahrscheinlich , sicher ? Begründe.

Ich werfe immer rot.   Ich werfe öfter blau als rot.
Ich werfe immer gelb.   Ich werfe öfter gelb als blau.
Ich werfe nie blau.   Ich werfe gleich oft rot und blau.
Ich werfe nie gelb.   Ich werfe gleich oft gelb und rot.

3 Was passt? Begründe.

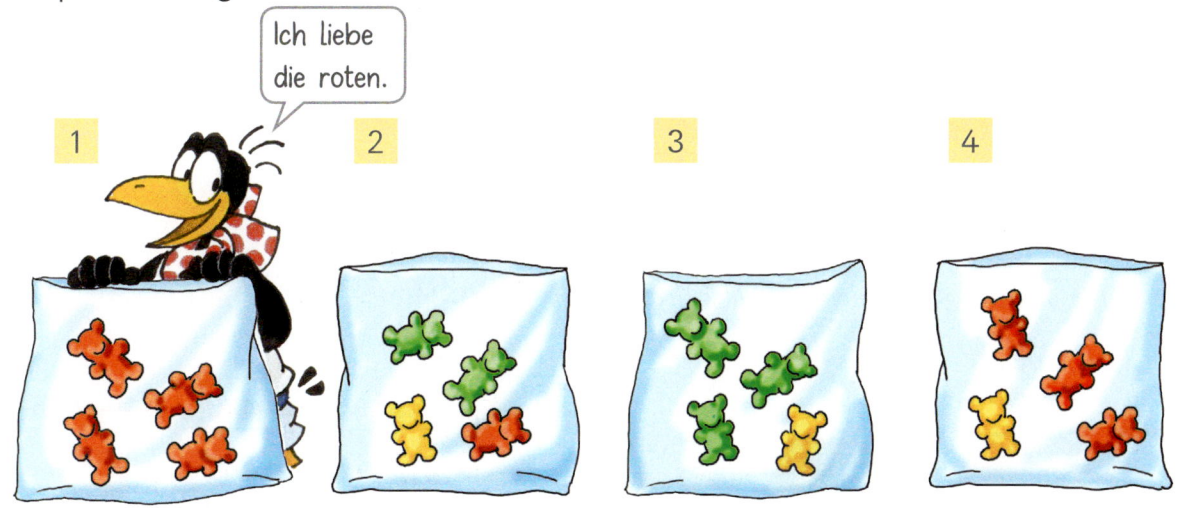

Es ist unmöglich, dass ein rotes Gummibärchen gezogen wird.

Es ist sicher, dass ein rotes Gummibärchen gezogen wird.

Es ist unwahrscheinlich, dass ein rotes Gummibärchen gezogen wird.

Es ist wahrscheinlich, dass ein rotes Gummibärchen gezogen wird.

Es ist wahrscheinlich, dass ein grünes Gummibärchen gezogen wird.

Kombinatorik

1 Du hast 🟩 🟨 🔺 🔺. Lege und male Häuser.

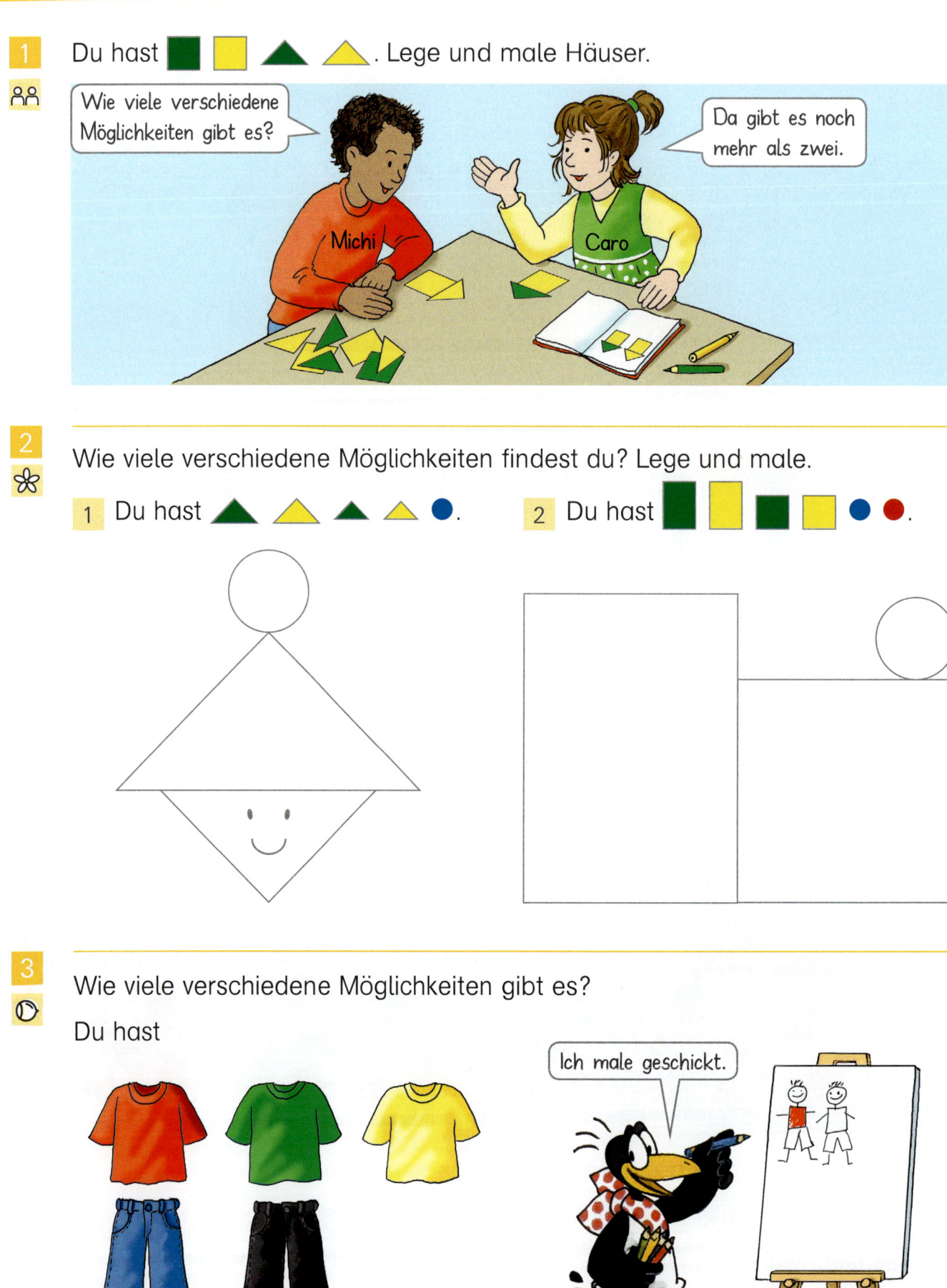

Wie viele verschiedene Möglichkeiten gibt es?

Da gibt es noch mehr als zwei.

2 Wie viele verschiedene Möglichkeiten findest du? Lege und male.

1 Du hast 🔺 🔺 🔺 🔺 ●.

2 Du hast 🟩 🟨 🟩 🟨 ● ●.

3 Wie viele verschiedene Möglichkeiten gibt es?

Du hast

Ich male geschickt.

Gleichungen lösen

1

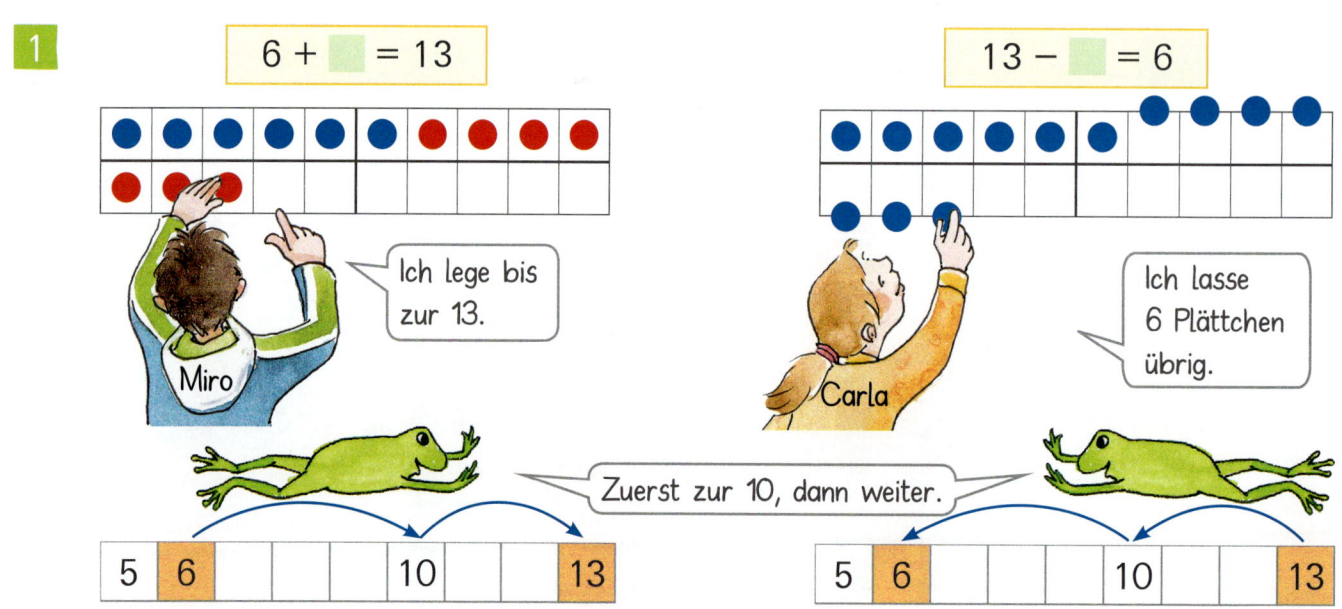

2 Lege oder schiebe im Zwanzigerfeld und springe mit dem Finger.

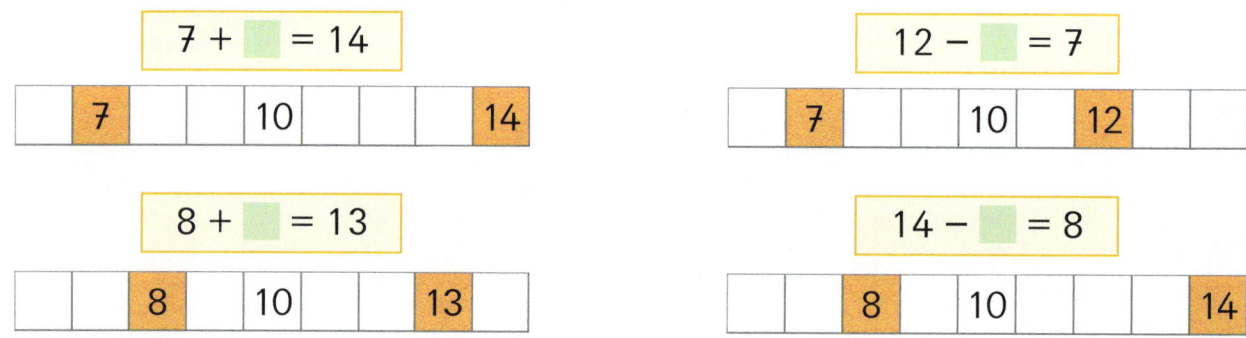

3

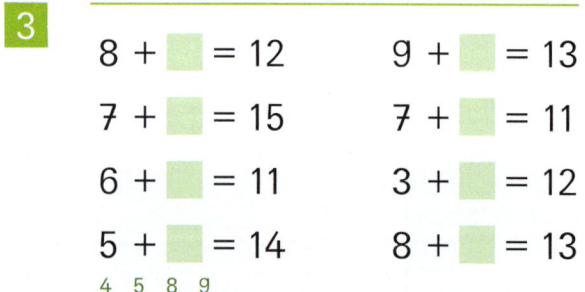

8 + ☐ = 12   9 + ☐ = 13
7 + ☐ = 15   7 + ☐ = 11
6 + ☐ = 11   3 + ☐ = 12
5 + ☐ = 14   8 + ☐ = 13

4 5 8 9

4

15 − ☐ = 8   13 − ☐ = 7
14 − ☐ = 5   11 − ☐ = 5
13 − ☐ = 9   14 − ☐ = 8
12 − ☐ = 6   12 − ☐ = 8

4 6 7 9

5

☐ + 8 = 12   ☐ − 5 = 6
12 − 8 = ☐   6 + 5 = ☐

Steht der Platzhalter vorn, hilft mir die Umkehraufgabe.

☐ + 6 = 11   ☐ − 8 = 7
☐ + 8 = 17   ☐ − 9 = 4
☐ + 5 = 14   ☐ − 5 = 9
☐ + 9 = 16   ☐ − 7 = 7
☐ + 7 = 13   ☐ − 4 = 8
☐ + 4 = 12   ☐ − 6 = 5

100 **1** Strategien durch Legen und Hüpfen erarbeiten. **2** Durch Nachlegen und Nachfahren mit dem Finger auf dem Zahlenband Aufgabe lösen. **5** Umkehraufgabe als Lösungsweg kennen.

Ungleichungen lösen

1

5   2 + 2 < 5   2 + 3 ● 5   2 + 4 > 5   6 − 2 ● 5

2

3 + 3 < 8	12 ● 7 + 4	14 − 4 ● 9	12 ● 13 − 2
3 + 4 ● 8	14 ● 9 + 3	14 − 5 ● 9	4 ● 11 − 4
3 + 5 ● 8	13 ● 5 + 8	14 − 6 ● 9	5 ● 10 − 5
3 + 6 ● 8	14 ● 8 + 3	14 − 7 ● 9	11 ● 20 − 6

3

Zuerst plus.   Ich habe gewonnen.

Spielschein
Markus   Elena
3 + 7   <   5 + 6
10   <   11 ●

4

Jetzt minus.   Dann hast du gewonnen.

Spielschein
Markus   Elena
7 − 3   >   6 − 5
● 4   >   1

5

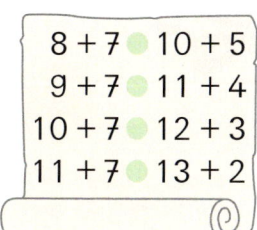

8 + 7 ● 10 + 5
9 + 7 ● 11 + 4
10 + 7 ● 12 + 3
11 + 7 ● 13 + 2

13 − 6 ● 10 − 3
14 − 6 ● 10 − 4
15 − 6 ● 10 − 5
16 − 6 ● 10 − 6

5 + 2 ● 7 + 0
5 − 2 ● 7 − 0
5 + 3 ● 7 + 1
5 − 3 ● 7 − 1

5 − 2 ● 3 + 1

6 + 3 ● 12 − 4

1, 2 Rechensätze mit Zahlen vergleichen.   **3, 4** Die Kinder ziehen jeweils 2 Zahlenkarten, bilden Plus- bzw. Minusaufgaben und vergleichen ihre Ergebnisse (Beilage). Wer das höhere Ergebnis hat, erhält ein rotes Plättchen.

Rechenmauern

102 1 Aufbau der Rechenmauern wiederholen. 4 Erkennen und begründen, warum es 3 verschiedene Zielzahlen gibt. Tipp: Mauern bilden, die unten 2 Nullen und eine Eins als Zahlen besitzen.

Rechenmauern

1

Julian: „Ich beginne mit der kleinsten Zahl. Sie muss in die _____ Reihe."

Amelie: „Ich fange mit der größten Zahl an. Sie muss ..."

Julian: 6 11 5 / 19 8 / 3
Amelie: 12 10 / 6 4 2 / 18

2 Setze zu Rechenmauern zusammen.

7 3 4
3 13 6

7 9 6
4 2 15

9 11 2
17 4 6

3 Setze zu Rechenmauern zusammen. Ein Stein bleibt übrig.

9 3
1 6 7
4 16

10 12
8 5 18
7 3

7 9
5 2 11
20 13

4 Setze zu Rechenmauern zusammen. Ein Stein fehlt. Finde immer 2 Lösungen.

3 7
16
9 6

4 18
5
9 9

3 17
8
9 5

1–4 Mit Zahlenkarten arbeiten (Beilage). 1 Die beiden Strategien – die Mauer von unten nach oben oder von oben nach unten aufbauen – erarbeiten. 4 Entsprechend Aufgabe 4 von Seite 102 können die Zahlen in der unteren Reihe unterschiedlich angeordnet werden.

Auf dem Flohmarkt — Fragen und antworten

1 Christine kauft:

F: Wie viel muss sie bezahlen?
L: 2 € + 5 € = ☐ €
A: Sie bezahlt ☐ €.

2 Nino kauft:

3 Julia kauft:

 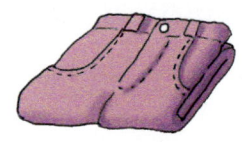

4 Sofie kauft:

5 Thomas kauft:

6 Berat möchte 3 kleine Autos und 2 DVDs kaufen.
Wie viel muss er bezahlen?

✼ Sollte Berat lieber weniger kaufen und etwas Geld sparen?

7 Sonja hat:

Was könnte sich Sonja kaufen?

1 – 13 Zum Bild erzählen. Sachsituationen zum Thema „Flohmarkt" spielen, Fragen formulieren, die Rechensätze mit Geld legen, Lösungswege notieren und beschreiben, Antwortsätze formulieren.

8 Julius verkauft:

Wie viel Geld bekommt er?

9 Sina verkauft:

Wie viel Geld bekommt sie?

10 Vanessa hat schon 8 €.

Sie verkauft:

Wie viel Geld hat sie jetzt?

11 David hat schon 9 €.

Er verkauft:

Wie viel Geld hat er jetzt?

12 Lena kommt mit 6 €.

Sie verkauft 4 Bücher.

Wie viel Geld hat sie, wenn sie noch eine Puppe kauft?

13 Florian kommt mit 4 €.

Er verkauft seine Gitarre und hat zum Schluss 6 € übrig.

Was könnte er sich gekauft haben?

❀ Ich schreibe Aufgaben für die Sachrechenkartei.

Muster legen und zeichnen

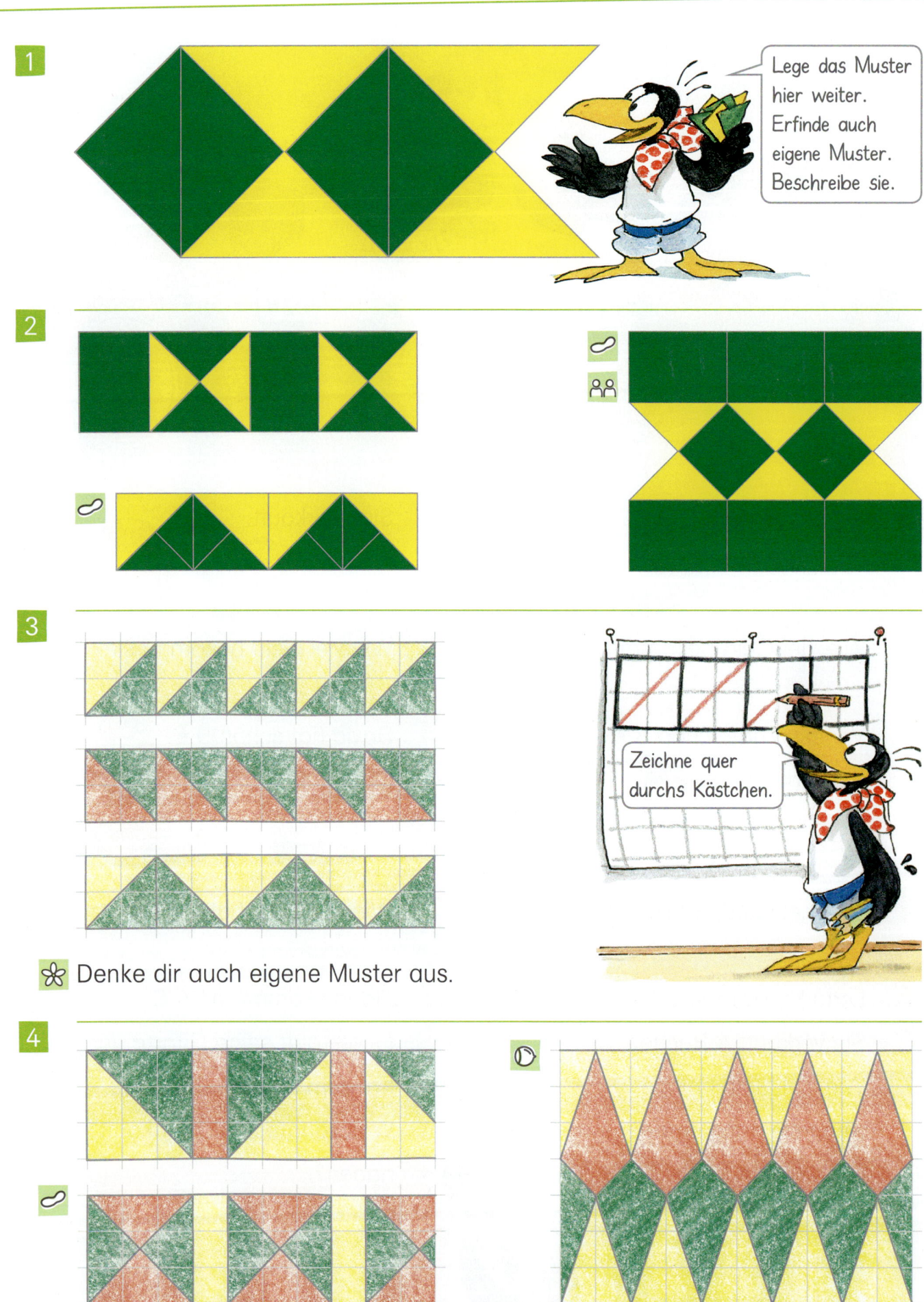

106   1, 2 Bandornamente mit Geo-Plättchen legen (auslegen, nachlegen) und fortsetzen. Eigene Bandornamente erfinden und beschreiben.   3, 4 Bandornamente freihändig abzeichnen, fortsetzen und färben. Eigene Bandornamente erfinden.

Falten und gestalten

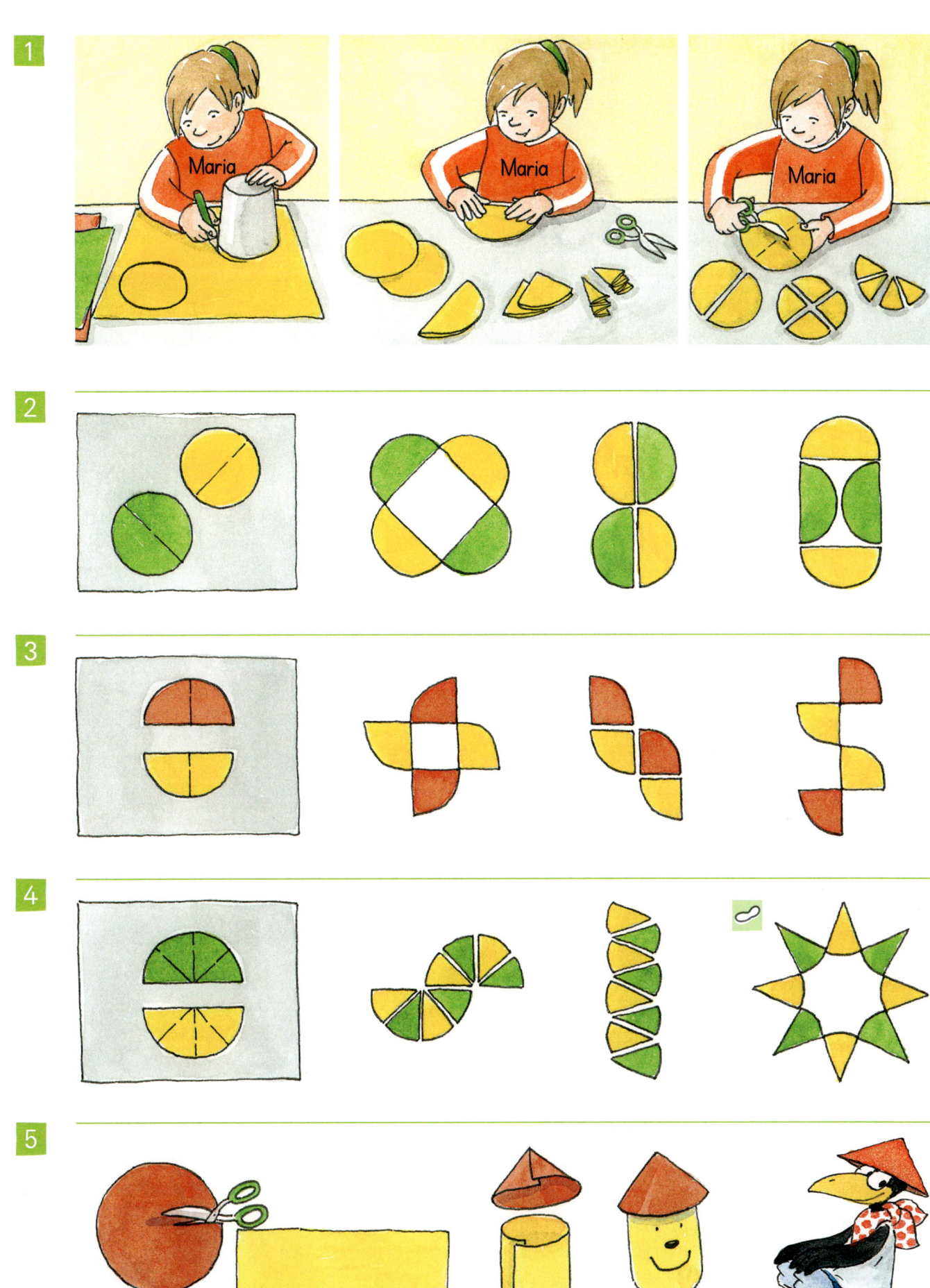

1 Kreise zeichnen (z. B. Becher umfahren) und ausschneiden. Die Kreise falten und entlang der Faltlinien zu Halb-, Viertel- und Achtelkreisen zerschneiden.   **2–4** Die Kreisteile zu Mustern zusammensetzen.   **5** Kegel und Zylinder herstellen.

Mit dem Geobrett experimentieren

1

2 Spanne die Figuren nach. Aus welchen Formen bestehen sie?

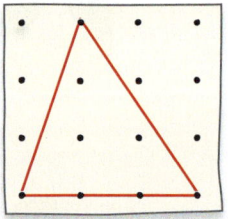 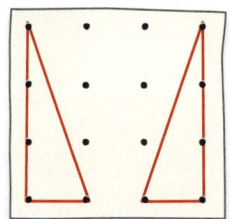 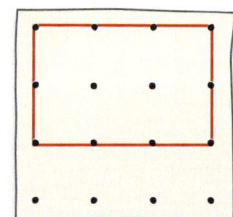 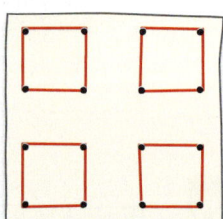

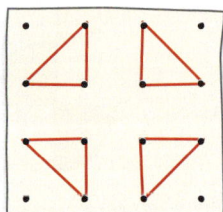 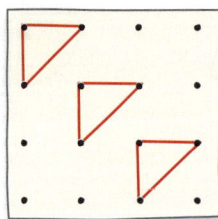 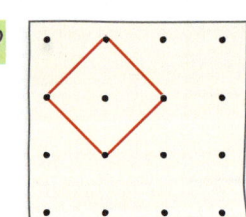 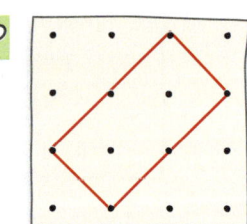

✽ Erfinde selbst Figuren, die aus verschiedenen Formen bestehen.

3

Spanne ein
- großes Dreieck.
- kleines Dreieck.

Spanne ein
- großes Rechteck.
- kleines Rechteck.

Spanne ein
- großes Haus.
- kleines Haus.

Spanne 4 unterschiedlich große Quadrate.

Spanne eine Figur mit 2 gleichen Rechtecken, 2 gleichen Dreiecken.

Spanne Zahlen und Buchstaben.

1 Muster nachspannen und eigene Muster erfinden. 2 Muster nachspannen, geometrische Teilformen erkennen und benennen.
3 Nach Vorgabe geometrische Formen spannen.

Mit dem Geobrett experimentieren

1 Verändere die Figuren – Schritt für Schritt.

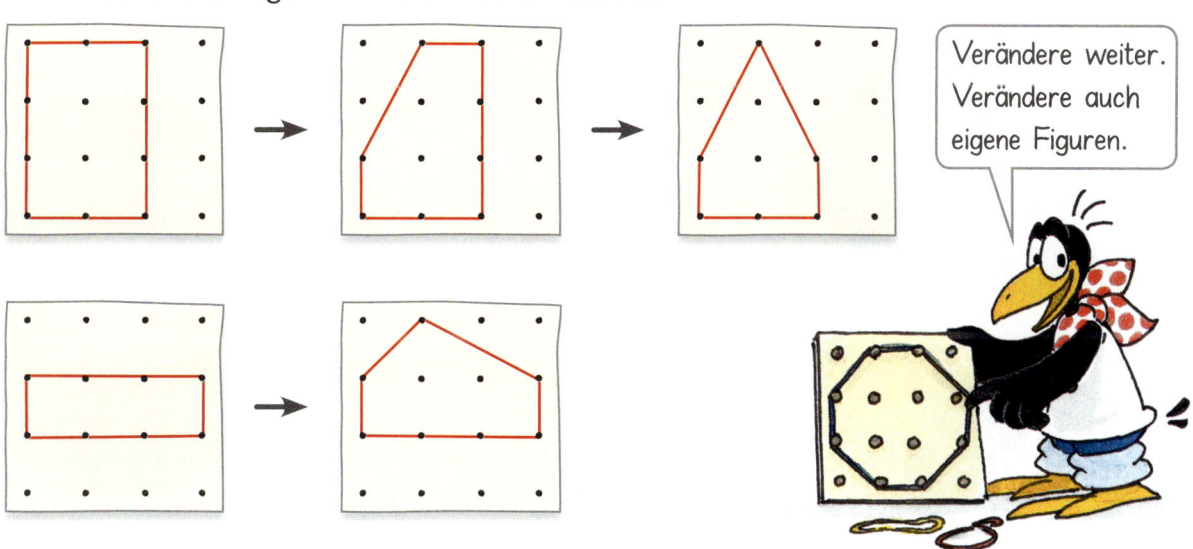

Verändere weiter. Verändere auch eigene Figuren.

2 Wie viele Schritte brauchst du?

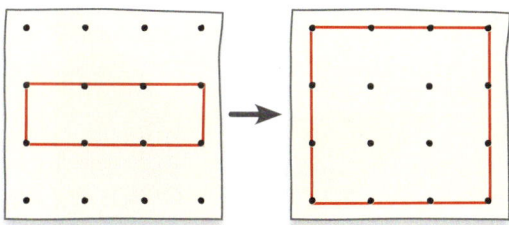
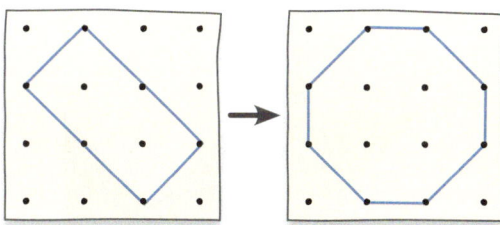

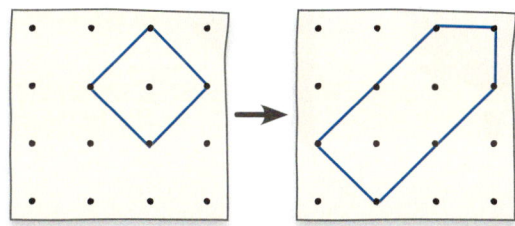
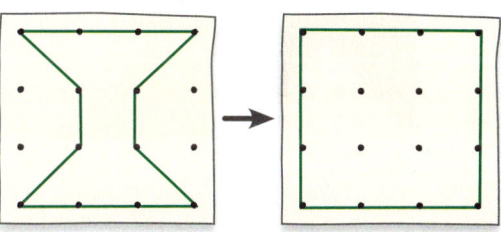

3 Verändere die Figur.

Spanne in 2 Schritten ein Quadrat.

Spanne in 2 Schritten ein größeres Rechteck.

🫘 Spanne in einem Schritt ein Haus.

🫘 Spanne in einem Schritt 2 Dreiecke.

◉ Spanne in 2 Schritten ein Sechseck.

✽ Spanne eine neue Figur und verändere sie.

1 Die dargestellten und eigene Figuren schrittweise verändern. **2** Die dargestellten Figuren verändern und die Anzahl der benötigten Schritte ermitteln. **3** Das vorgegebene Rechteck mit der genannten Schrittzahl in die Endfigur umwandeln.

Kopftraining  Schöne Muster legen

1 Lege schöne Muster: immer 4 große und 4 kleine Dreiecke.

2

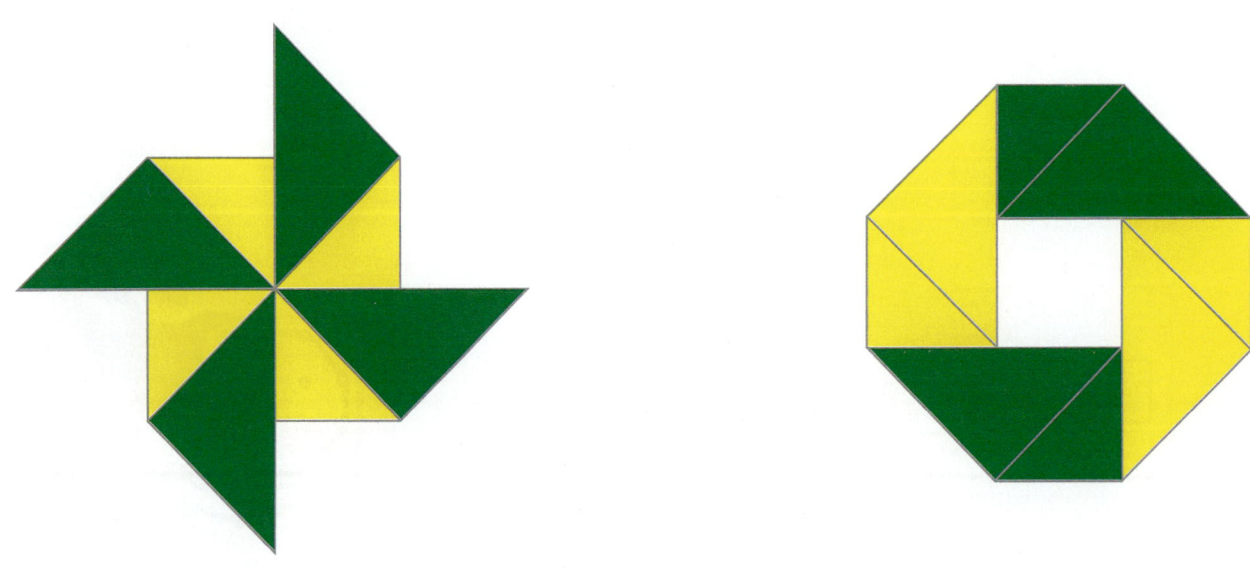

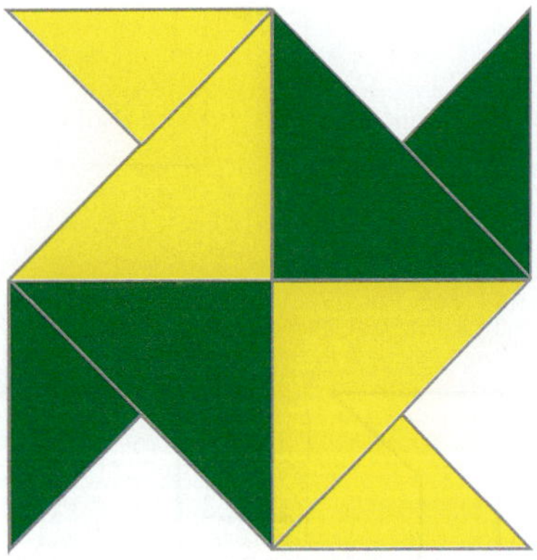

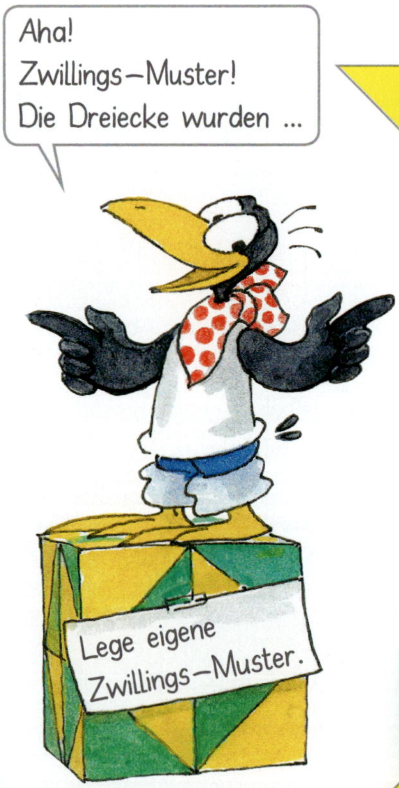

Aha! Zwillings–Muster! Die Dreiecke wurden …

Lege eigene Zwillings–Muster.

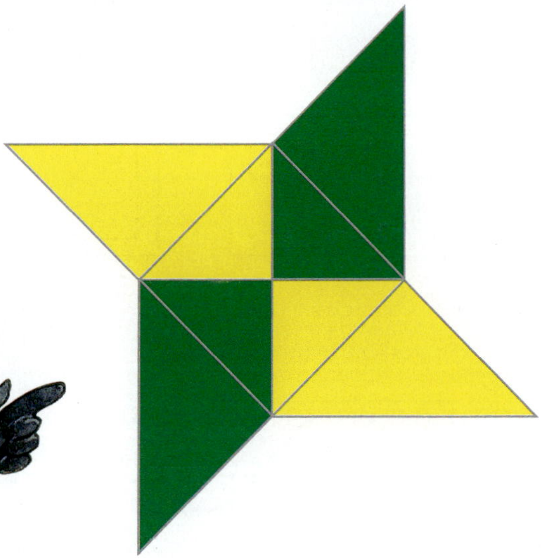

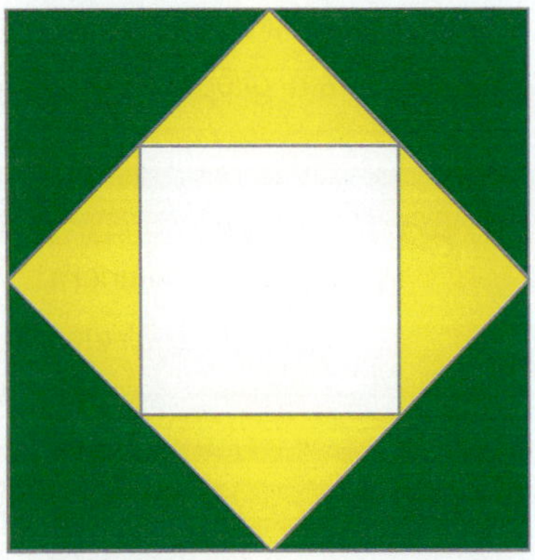

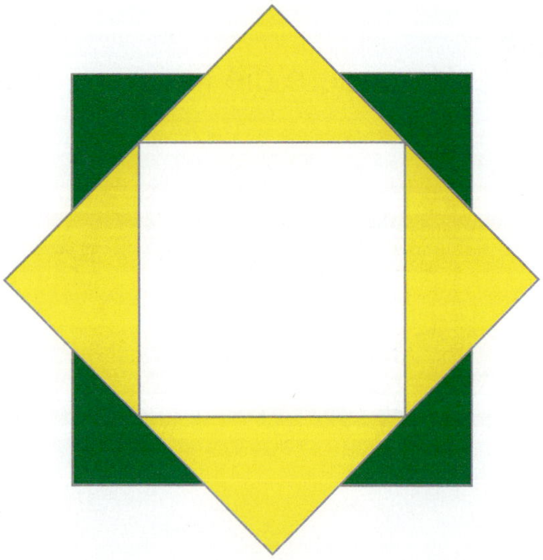

Tischkärtchen zeichnen — Kopftraining

1

2 Zeichne freihändig ab und male aus.

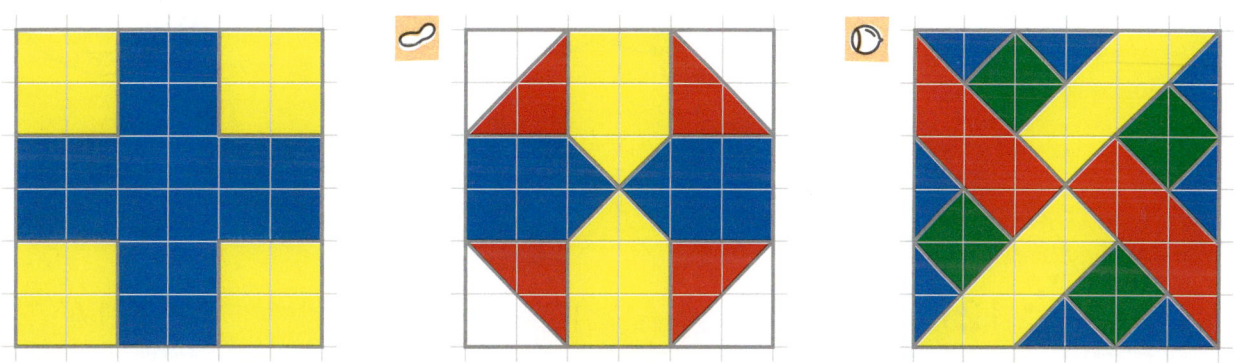

3 Zeichne mit dem Lineal und male aus.

1 Die dargestellten Muster geben den Kindern Anregungen für die Gestaltung von Tischkarten. **2, 3** Die Kinder zeichnen die Muster ab. **Differenzierung:** Karopapier, Schablone zum Zeichnen der Kreise.

Zauberdreiecke

1

1 + 6 + 3 = 10
3 + ◯ + 2 = 10
2 + ◯ + 1 = 10

Mache alle Seiten gleich.

2

11 12 13

12 12 14

3

112 1, 2 Jede Dreieckseite ist summengleich. Die Kinder legen zuerst Plättchen in die freien Felder. Danach zeichnen sie die richtige Anzahl an Plättchen oder tragen die Anzahl in ihr Heft ein.   3 Zauberhut basteln.

Zauberdreiecke

1

2 Welche Zahlen fehlen?

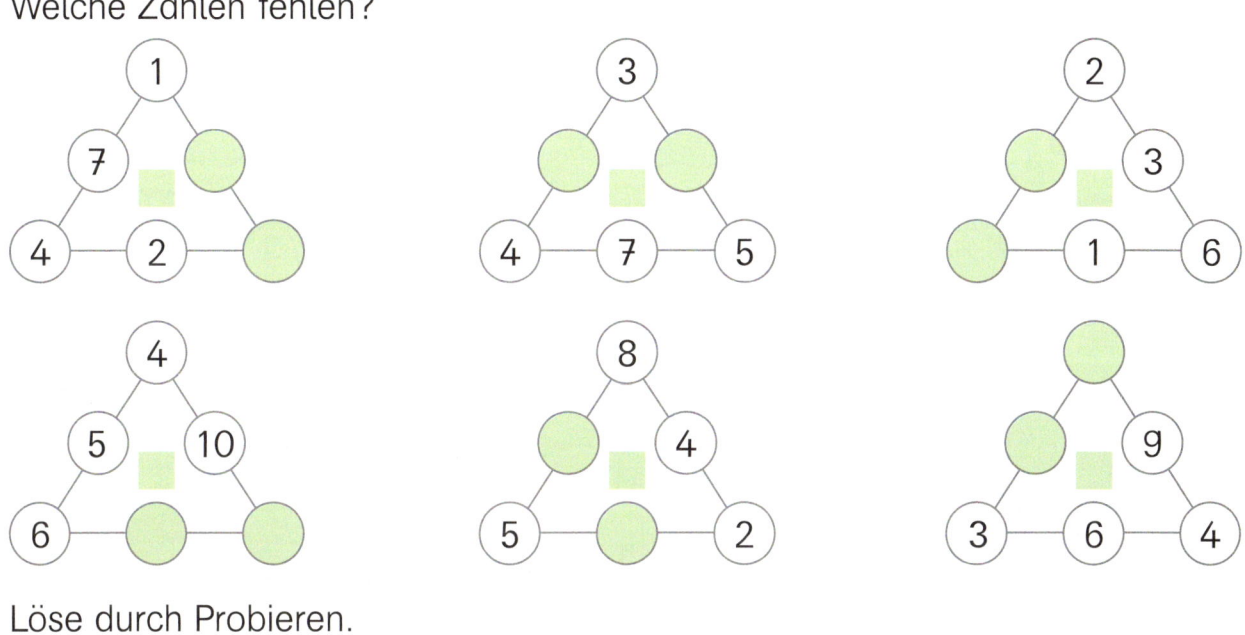

Löse durch Probieren.

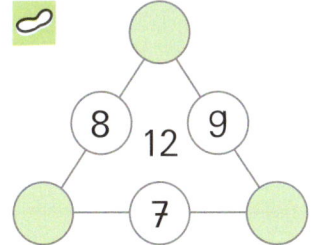 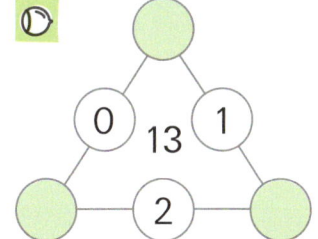 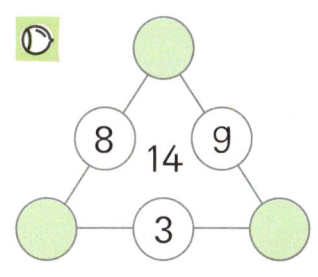

3 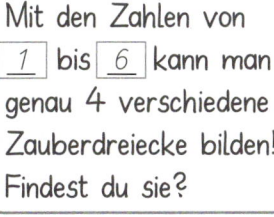 Mit den Zahlen von _1_ bis _6_ kann man genau 4 verschiedene Zauberdreiecke bilden! Findest du sie?

Mein Tipp: Die Zauberzahlen lauten 9, 10, 11 und 12.

Zahlenfolgen

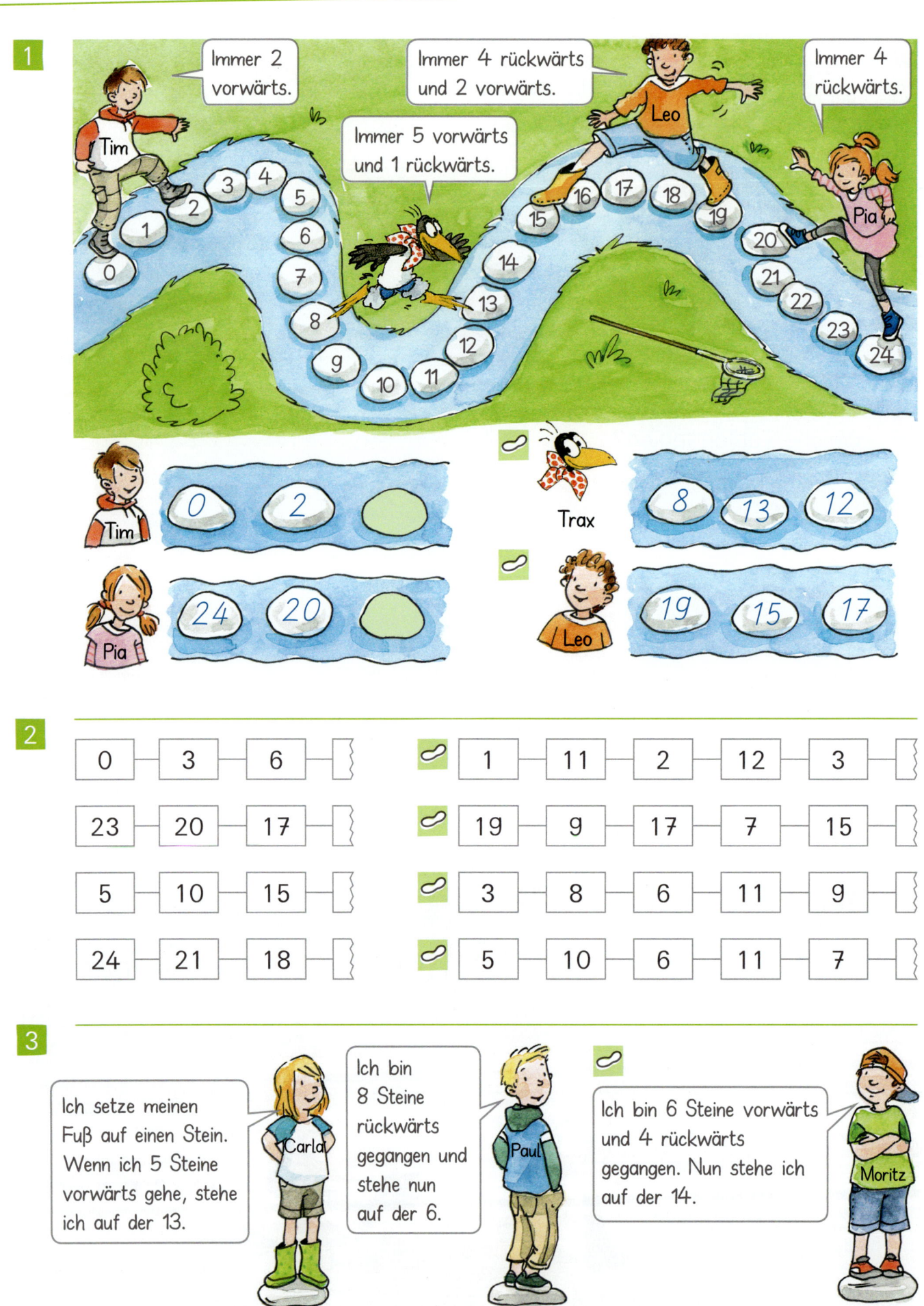

Wiederholung – Über Lernen sprechen

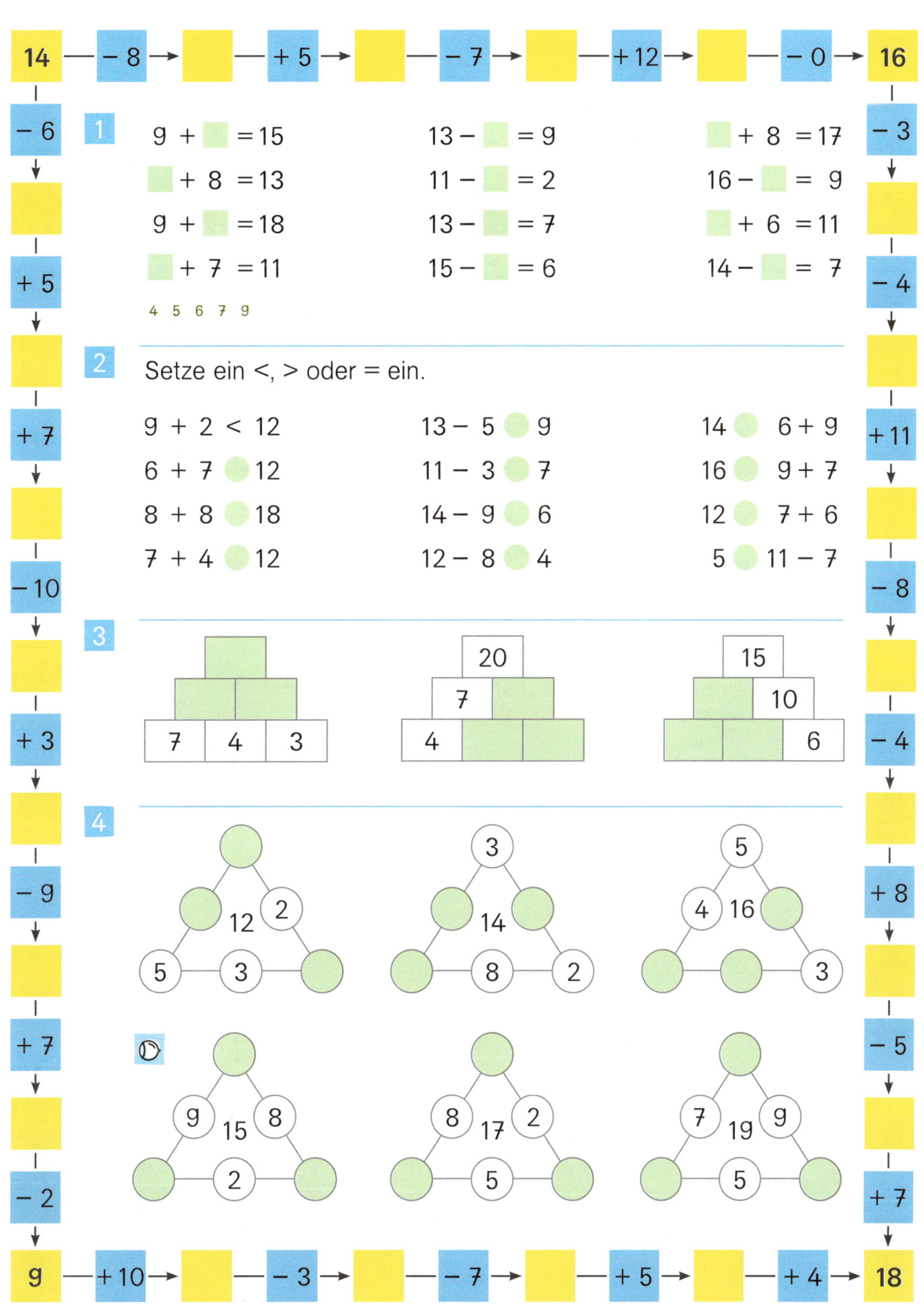

Reflexion: Kinder sollen über ihren Lernstand sprechen.

Die Zeit im Tagesablauf

Uhrzeiten einstellen

1

„Lege die Uhrzeiten."

3 Uhr
17 Uhr
12 Uhr
6 Uhr

Bastle einen kleinen **Stunden**zeiger … … und einen großen **Minuten**zeiger.

2 Wo können die Zeiger stehen, wenn du …

… Frühstück isst?

… in der Pause spielst?

… liest?

… ins Schwimmbad gehst?

… zu Mittag isst?

… auf dem Spielplatz bist?
Frage deinen Partner.

1, 2 Uhrzeiten (volle Stunden) mit Hölzchen legen oder an Lernuhr einstellen.

Zeitspannen einschätzen

1 Wie lange …

"Stunde, Minute oder Sekunde?"

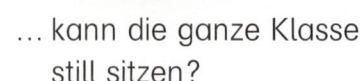

… kann die ganze Klasse still sitzen?

… kannst du dein Mathebuch ausgestreckt mit einem Arm halten?

… brauchst du, um 10 Aufgaben aufzuschreiben und zu lösen?

"20, 19, …"

… brauchst du, um von 20 aus rückwärts zu zählen?

… kannst du deinen Partner ansehen, ohne zu lachen?

Erfinde auch eigene Aufgaben.

2 Ordne die Tätigkeiten nach ihrer Dauer.

Kinobesuch

Zähne putzen

Urlaub

Wanderung

Apfel essen

"Überlege dir weitere Tätigkeiten. Wo müssten sie eingeordnet werden?"

Zeitpunkt und Zeitspannen

1 Marcs Vormittag:

Wann geht Marc aus dem Haus?

Wann kommt er in der Schule an?

Wie lange ist er in der Schule?

Stelle weitere Fragen.

2 Marcs Nachmittag:

Wie viel Zeit hat Marc zum …

… Mittagessen?   … Spielen?   … Hausaufgaben machen?   … Abendessen?

3 Erstelle deinen Tagesplan und zeichne ihn in dein Heft.

1, 2 Die Fragen mithilfe der Zeitleiste beantworten. Weitere Fragen stellen.   3 Einen eigenen Tagesplan ins Heft zeichnen.

Eine Woche

1

Sonntag,
Montag, ☐ Juli
Dienstag,
Mittwoch,
Donnerstag,
Freitag,
Samstag,

2 Schreibe jeweils den Wochentag und das Datum auf.

lesen

spielen

schreiben

Fußball

wandern

schwimmen

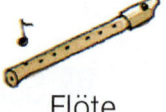
Flöte

Rad fahren

1 Datum für einen Wochentag festlegen, die anderen Daten entsprechend zuordnen. **2** Die Kinder ordnen die Aktivitäten von **1** zu und verschriftlichen sie.

Der Kalender

1 So sieht meine Woche aus:

Montag	Dienstag	Mittwoch	Donnerstag	Freitag	Samstag	Sonntag
Juli	Juli	Juli	Juli	Juli	Juli	Juli
Inliner fahren	Geburtstag von Opa	Musikschule	Arztbesuch		Flohmarkt Fahrradtour	Große Fahrradtour

Stelle einen Kalender mit deinen Aktivitäten her.

2 Wie heißen die fehlenden Tage? Dienstag, Mittwoch, _____, Freitag …

| Dienstag | | | Freitag | | |

| | | Montag | | Mittwoch | | |

| | | | | | | Dienstag |

3 Schau in den Kalender.

	Wochentag	Datum
heute		
morgen		
übermorgen		
gestern		
vorgestern		
Geburtstag		

4 Heute ist _____, der ____ Juli.

Heute ist …   In 7 Tagen ist …   In 12 Tagen ist …

Vor 9 Tagen war …   Vor 15 Tagen war …   Vor 3 Wochen war …

Fragen zuordnen

Welche Fragen kannst du beantworten? Schreibe die Antwort auf.

1 Ronja kauft 2 Geschenke.

1. Welches Geschenk ist teurer?
2. Wie teuer ist die Trax-Puppe?
3. Wie viel Taschengeld bekommt Ronja?
4. Hat Ronja genug Geld?
5. Wie viele Freunde hat Ronja?
6. Wie viel muss Ronja bezahlen?
7. Wie alt ist die Verkäuferin?
8. Wie viel Geld hat Ronja in der Hand?

○ Welche Fragen stellst du?

2 Beim Kindergeburtstag

1. Wie alt wird Franka?
2. Wie viel kostet der Ball?
3. Wie alt ist Franka in 8 Jahren?
4. Hat Franka blonde Haare?
5. Für wie viele Kinder muss gedeckt sein?
6. Spielt Franka gerne Ball?
7. Wann gehen die Freunde nach Hause?
8. Wann hat ihre Mutter Geburtstag?

○ Welche Fragen stellst du?

1, 2 Entscheiden, welche Fragen beantwortet werden können und welche aufgrund fehlender Information nicht. Mathematische und nichtmathematische Fragen unterscheiden.

Fragen stellen

1 Die Kinder stellen Fragen. Beantworte sie.

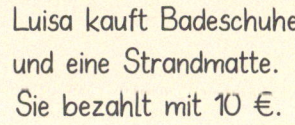
Luisa kauft Badeschuhe und eine Strandmatte. Sie bezahlt mit 10 €.

Nina: Wie viel kosten die Badeschuhe?

Anna: Wie viel Geld bekommt sie zurück?

Paul: Wie viel Geld hat Luisa ausgegeben?   5 €. +

Trax: Welche Farbe hat die Strandmatte?

Stelle weitere Fragen und beantworte sie.

2 Stelle Fragen und beantworte sie.

1. Amrit kauft einen Badeanzug. Sie bezahlt mit 20 €.

2. Felix kauft 2 Handtücher.

3. Paula kauft Badeschuhe und einen Ball. Der Verkäuferin gibt sie 15 €.

4. Tom hat dem Verkäufer 20 € gegeben. Er bekommt 2 € zurück.

5. Clara hat 20 € bezahlt. Sie bekommt kein Geld zurück

6. Was kaufst du? Schreibe eine Aufgabe und eine Frage.

Zauberquadrate

124 Zauberquadrate kennenlernen. Die Summe – die sogenannte Zauberzahl – der Zahlen in jeder Zeile, Spalte und Diagonale ist gleich.

Zauberquadrate

1 Löse. Lege mit Zahlenkarten.

Immer 12

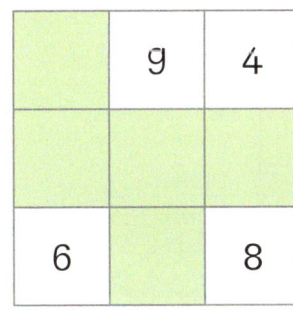
Immer 15

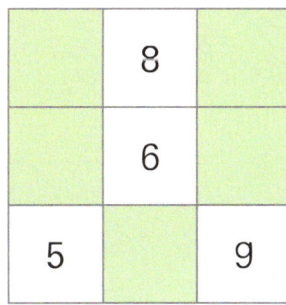
Immer 18

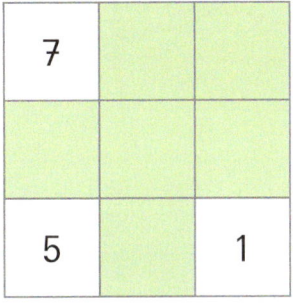
Immer 12

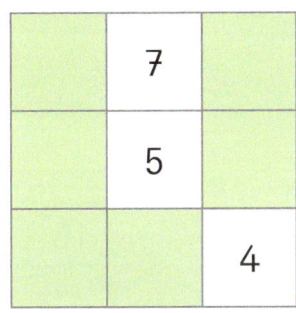
Immer 15

Immer 18

2

Immer 12

Immer 15

Immer 18

3

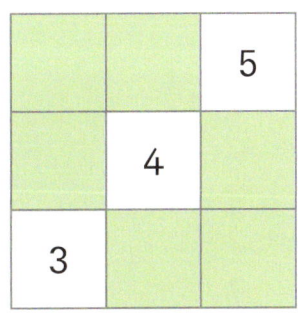
Immer 12

Immer 15

Zähle jeweils die Zahlen in den gleichfarbigen Feldern zusammen. Was fällt dir alles auf?

1 Zauberquadrate mit den Zauberzahlen 12, 15 und 18 mithilfe von Zahlenkarten lösen. **2** Siehe Entdeckungsmöglichkeiten im Lehrerband. **3** Durch Probieren lösen. Es gibt jeweils 2 Lösungen.

Mit Rechenmauern experimentieren

126 1 – 3 Rechenmauern mithilfe von Zahlenkarten durch Probieren lösen (Beilage). 1 Die beiden Strategien – die Mauer von unten nach oben oder von oben nach unten vervollständigen – nachvollziehen.

Irrgarten

Maria: Finde meinen Schatz: Bei der goldenen Krone biege ich rechts ab. Danach gehe ich den zweiten Weg nach links und gleich nochmal nach links.

Ben: Ich verfolge deinen Weg mit meiner Spielfigur: Jetzt bist du bei Schatz ▢.

Kopfgeometrie: Wege im Irrgarten durch Richtungsangaben beschreiben (rechts – links, geradeaus, ...) Der Partner verfolgt den Weg mithilfe einer Spielfigur und gibt dabei Kontrollinformationen. **Differenzierung:** Richtungen aus der Perspektive einer Person im Irrgarten oder eines Bildbetrachters beschreiben.

Fragen und Antworten zuordnen

✳ Ordne den Bildern passende Sätze zu.

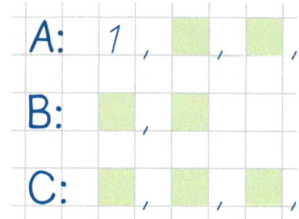

A: 1, ___, ___, ___
B: ___, ___, ___, ___
C: ___, ___, ___, ___

1. Wie viele Tiere gibt es?

2. Peter möchte sich einen neuen Fußball kaufen.

3. Erwachsene zahlen 3 € mehr als Kinder.

4. Es ist bis 18 Uhr geöffnet.

5. 14 € bezahlt eine Familie.

6. Wie viel Geld bleibt übrig, wenn er 20 € hat?

7. Felix hat den Ball.

8. Wie lange ist geöffnet?

11. Eva hat 15 €. Sie kauft ein Springseil und ein Spiel.

10. Sebastian kauft einen Beutel Futter.

9. Es bleiben 4 € übrig.

12. 4 Kinder spielen, 2 nicht.

1 – 12 Aussagen und Fragen den passenden Bildern zuordnen. Die Zuordnung begründen.

Gleichungen zuordnen

1 Ordne den Gleichungen passende Aufgaben zu. Begründe.

$$12 - 5 = \boxed{} \qquad 12 + 5 = \boxed{}$$

1 Jan hat schon 12 € in seinem Sparschwein. Von Oma bekommt er 5 € geschenkt.

2 Hatice ist 8 Jahre alt. Zu ihrem Geburtstag lädt sie 12 Kinder ein. 5 davon sind Jungen.

3 Von den 12 Ferientagen sind schon 5 vorbei.

4 Gestern im Bus: Heute im Bus:

5 In der Klasse haben 12 Kinder Aufgabe 5 gelöst.

6 Mona hat 5 schmale und 12 breite Freundschaftsbänder.

2 Drei Aufgaben sind zerrissen. Was gehört zusammen? Begründe.

Erlebnisbad	
Tageskarte	12 €
Halbtageskarte	6 €
2 Stunden	3 €
Abendkarte	4 €

Kasse

Peter

Daniel kauft an der Kasse 3 Halbtageskarten.

Peter hat 20 €. Er möchte Abendkarten kaufen.

Simon hat auch 20 €. Er will 2 Tageskarten kaufen.

Reicht das Geld für 3 Abendkarten? Bekommt er Geld zurück?

Reicht das Geld für die 2 Karten?

Wie viel muss er bezahlen?

6 € + ☐ € + ☐ € = ☐ €

12 € + ☐ € = ☐ €
20 € ‹ ☐ €

4 € + ☐ € + ☐ € = ☐ €
20 € − ☐ € = ☐ €

Kopftraining  Mit Figuren jonglieren

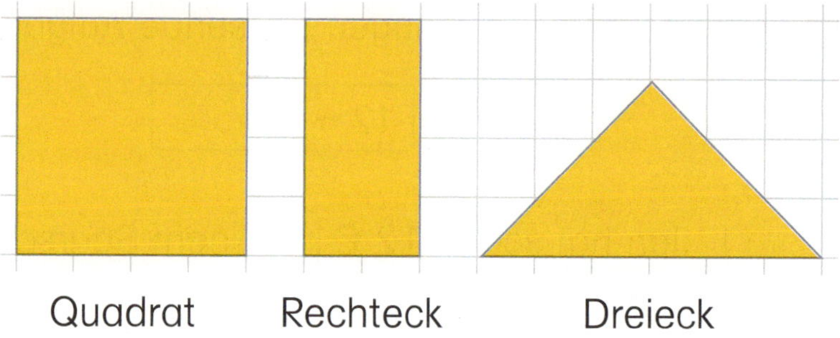

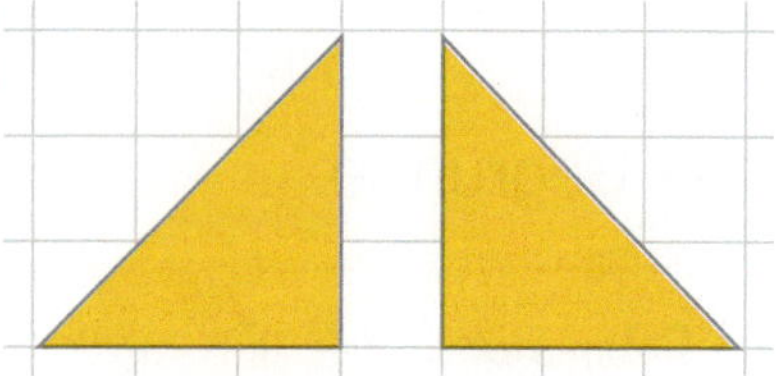

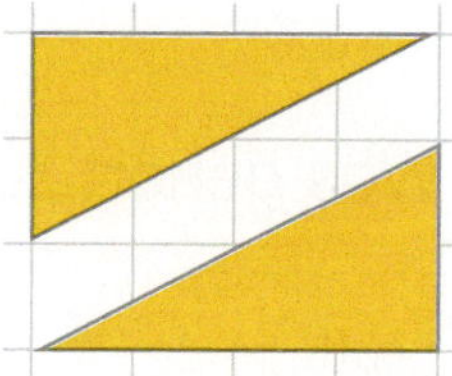

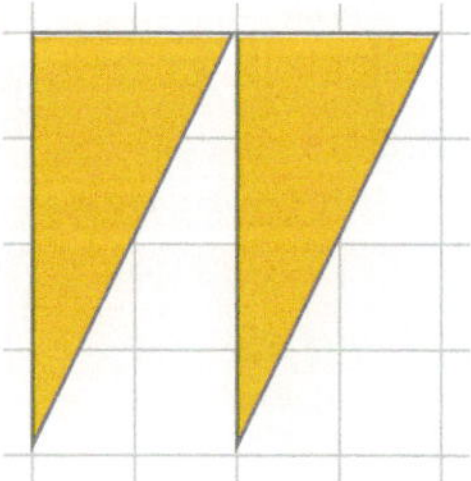

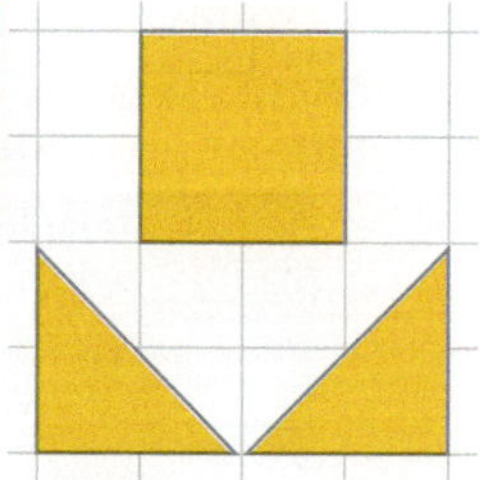

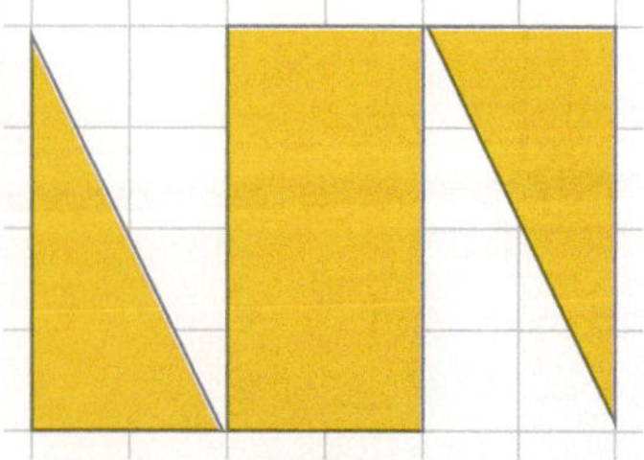

Quadrat Rechteck Dreieck

"Ich habe eine Figur zerschnitten. Welche war es?"

"Das war das Quadrat."

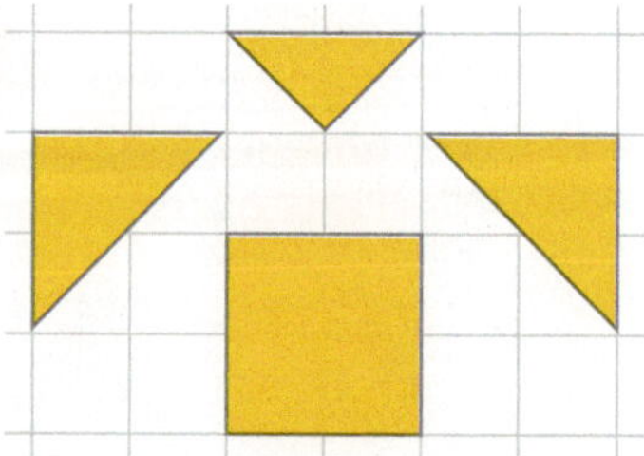

1 – 10 Die Ausgangsfiguren wurden auf mehrere Arten zerschnitten. Welche Teilstücke ergeben das Quadrat, das Rechteck oder das Dreieck?

Mit Zahlen jonglieren — Kopftraining

1 Das Früchte-Rätsel

🍒 + 0 = 15
🍒 − 8 = 🍍

9 + 🍌 = 17
🍇 + 5 = 🍌

20 − 🍍 = 13
🍐 − 🍍 = 6

18 − 🍇 = 🍇
🍇 + 🍇 = 15

🥜 🍌 + 🍌 = 16
🍇 + 🍌 = 14

🥜 🥝 − 🍇 = 2
🍇 + 🍇 = 18

🥜 🍓 − 🍓 = 🍏
🍓 + 🍓 = 20

🥜 🥔 − 🍏 = 🥔
🥔 − 9 = 8

◯ 4 + 🍇 = 🍓
🍓 + 🍇 = 16

2 Das Plus-Minus-Rätsel

◯ Findest du immer 2 Lösungen?

2   3   5
8   9   10

2 + 3 − 5 = 0   ☐ + ☐ − ☐ = 6
8 + ☐ − ☐ = 1   ☐ + ☐ − ☐ = 7
☐ + 3 − ☐ = 2   ☐ + ☐ − ☐ = 8
☐ + ☐ − 10 = 3   ☐ + ☐ − ☐ = 9
☐ + ☐ − ☐ = 4   ☐ + ☐ − ☐ = 10
☐ + ☐ − ☐ = 5   ☐ + ☐ − ☐ = 11

1 Gleiches Zeichen bedeutet gleiche Zahl. **2** Passende Zahlenkarten legen (Beilage). Jede Aufgabe hat mindestens 2 verschiedene Lösungen.

Wiederholung – Über Lernen sprechen

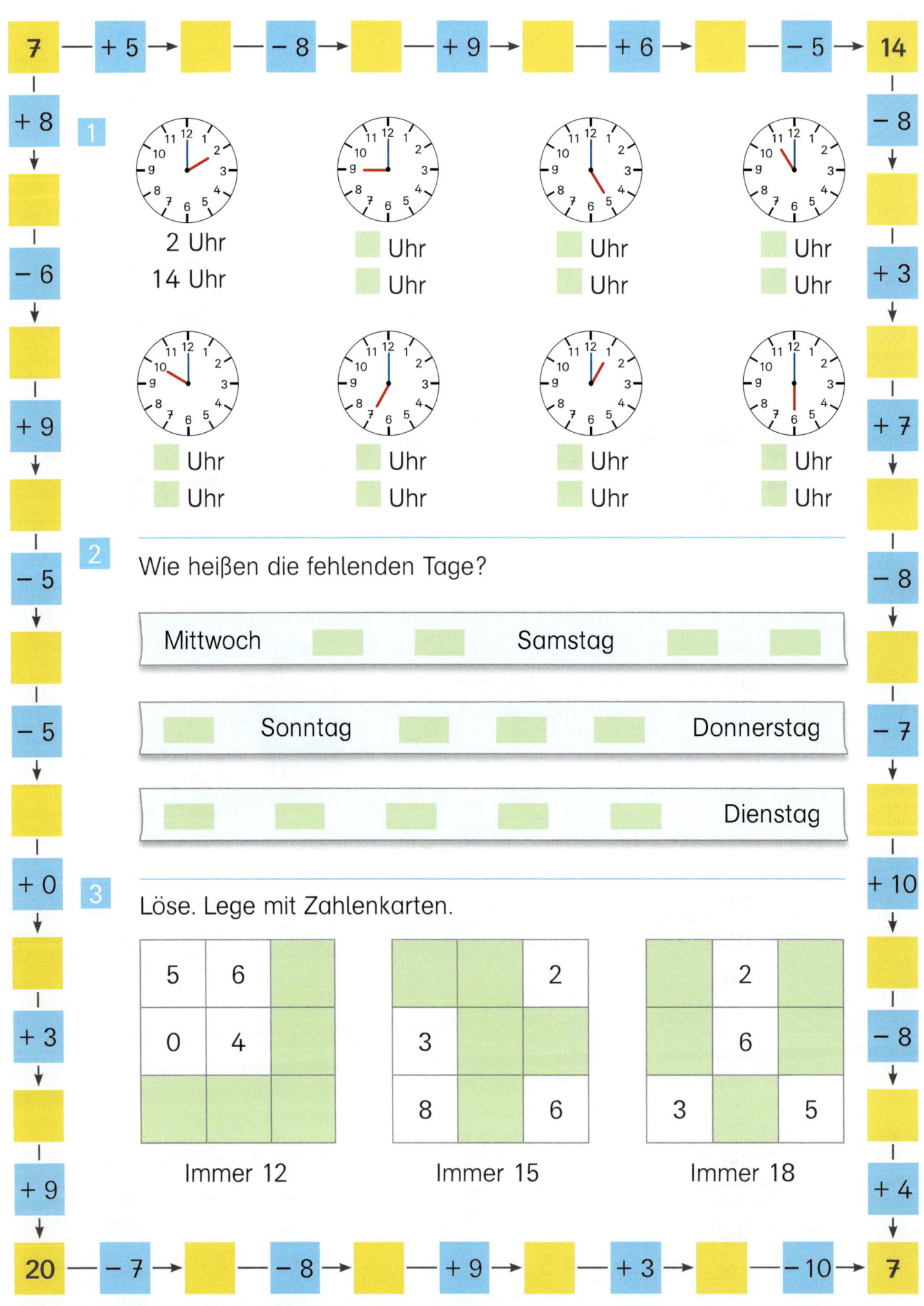

132 Reflexion: Kinder sollen über ihren Lernstand sprechen.

Klasse 1 – Basiswissen

Rechenkonferenz

Ich	Du	Wir

Bearbeite die Aufgabe allein.	Sprecht in der Gruppe über die Aufgabe.	Jede Gruppe stellt ihre Ideen vor.
Welche Ideen hast du? Welches Material kann dir helfen?	Jeder stellt seine Ergebnisse vor. Die anderen hören zu. Frage nach, wenn du etwas nicht verstehst.	Welche verschiedenen Ideen gibt es in der Klasse?
Denke nach: – Wie löst du die Aufgabe? – Warum löst du die Aufgabe auf diesem Weg? – Was ist besonders einfach oder besonders schwierig?	Sprich mit deinem Partner oder deiner Gruppe: – Welche verschiedenen Ideen gibt es in eurer Gruppe? – Welche Idee hilft am besten bei der Lösung der Aufgabe? Warum?	Vergleicht in der Klasse: – Wie könnt ihr solche Aufgaben in Zukunft geschickt lösen?

Wortspeicher

Ich habe mir überlegt…
Ich habe so gerechnet, weil…
…ist schwierig, weil…
…ist einfach, weil…
Ich verstehe nicht, warum…
Ich finde deine Idee gut, weil…

Der Wortspeicher hilft dir bei Rechenkonferenzen.

Klasse 1 – Basiswissen

Zahlen

Zehner

Einer

•

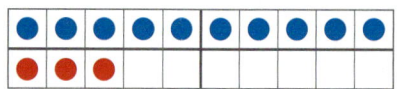

13 = 10 + 3

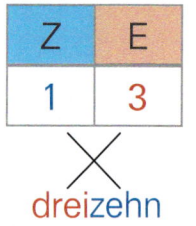

dreizehn

Zahlen vergleichen

9 < 12 17 > 11 14 = 14

9 ist kleiner als 12   17 ist größer als 11   14 ist gleich 14

Rechnen

6 + 7

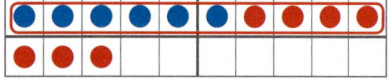 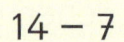 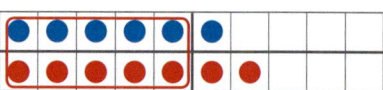

6 + 4 = 10   6 + 6 = 12   5 + 5 = 10
10 + 3 = 13   12 + 1 = 13   10 + 3 = 13

Zuerst bis zur 10.   Zuerst verdoppeln.   Zehner sehen.

14 − 6   14 − 7   14 − 5

  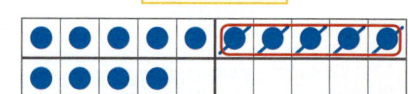

14 − 4 = 10   14 − 7 = 7   14 − 5 = 9
10 − 2 = 8

Zuerst bis zur 10.   Halbieren.   Fünf wegnehmen.

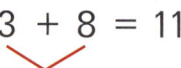   3 + 8 = 11   14 − 8 = 6
    8 + 3 = 11   6 + 8 = 14

   Das Ergebnis   Gut zum
    bleibt gleich.   Kontrollieren.

Klasse 1 – Basiswissen

Größen

Cent ct | Euro €

Die Uhr — 3 Uhr / 15 Uhr

Der Kalender

Montag	Dienstag	Mittwoch	Donnerstag	Freitag	Samstag	Sonntag

Eine Woche hat 7 Tage.

Wahrscheinlichkeit

sicher und unmöglich

Es ist sicher, dass der Tag 24 Stunden hat.
Es ist unmöglich, dass eine Woche 8 Tage hat.

möglich

Es ist wahrscheinlich, dass es im Sommer wärmer ist als im Herbst.
Es ist unwahrscheinlich, dass im Sommer jeder Tag über 30 °C hat.

Raum und Form

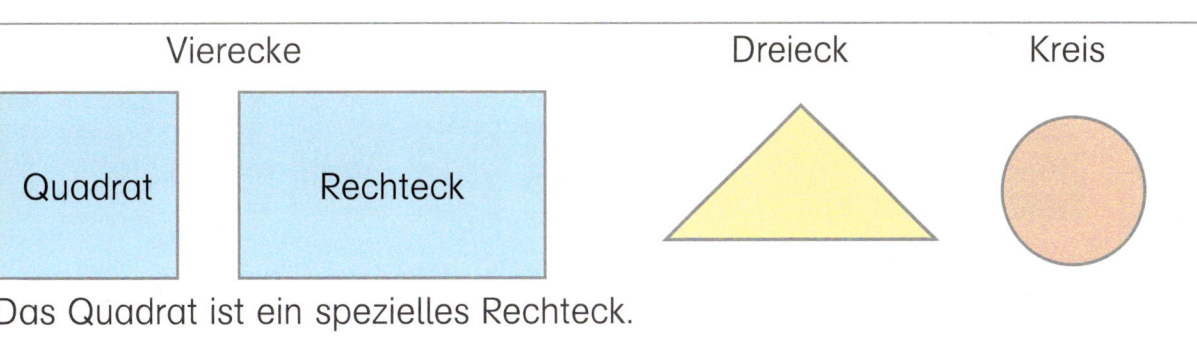

Vierecke — Quadrat, Rechteck | Dreieck | Kreis

Das Quadrat ist ein spezielles Rechteck.

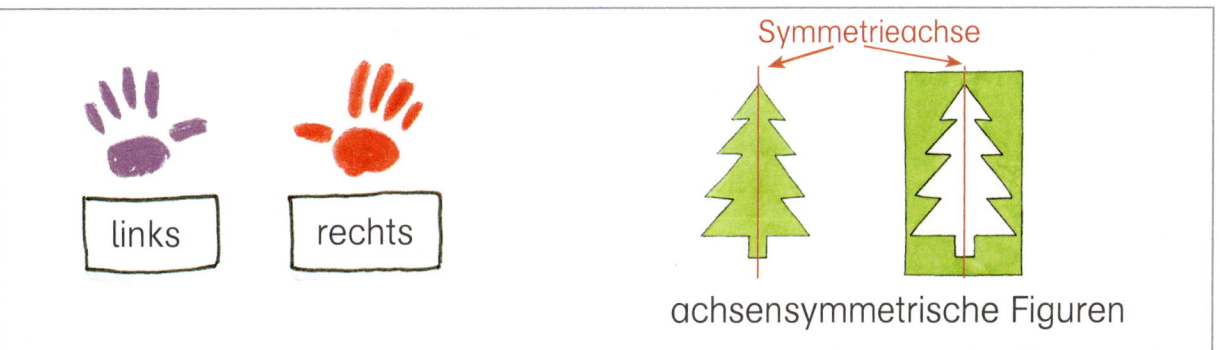

links rechts

Symmetrieachse

achsensymmetrische Figuren

1 + 1 Tafel

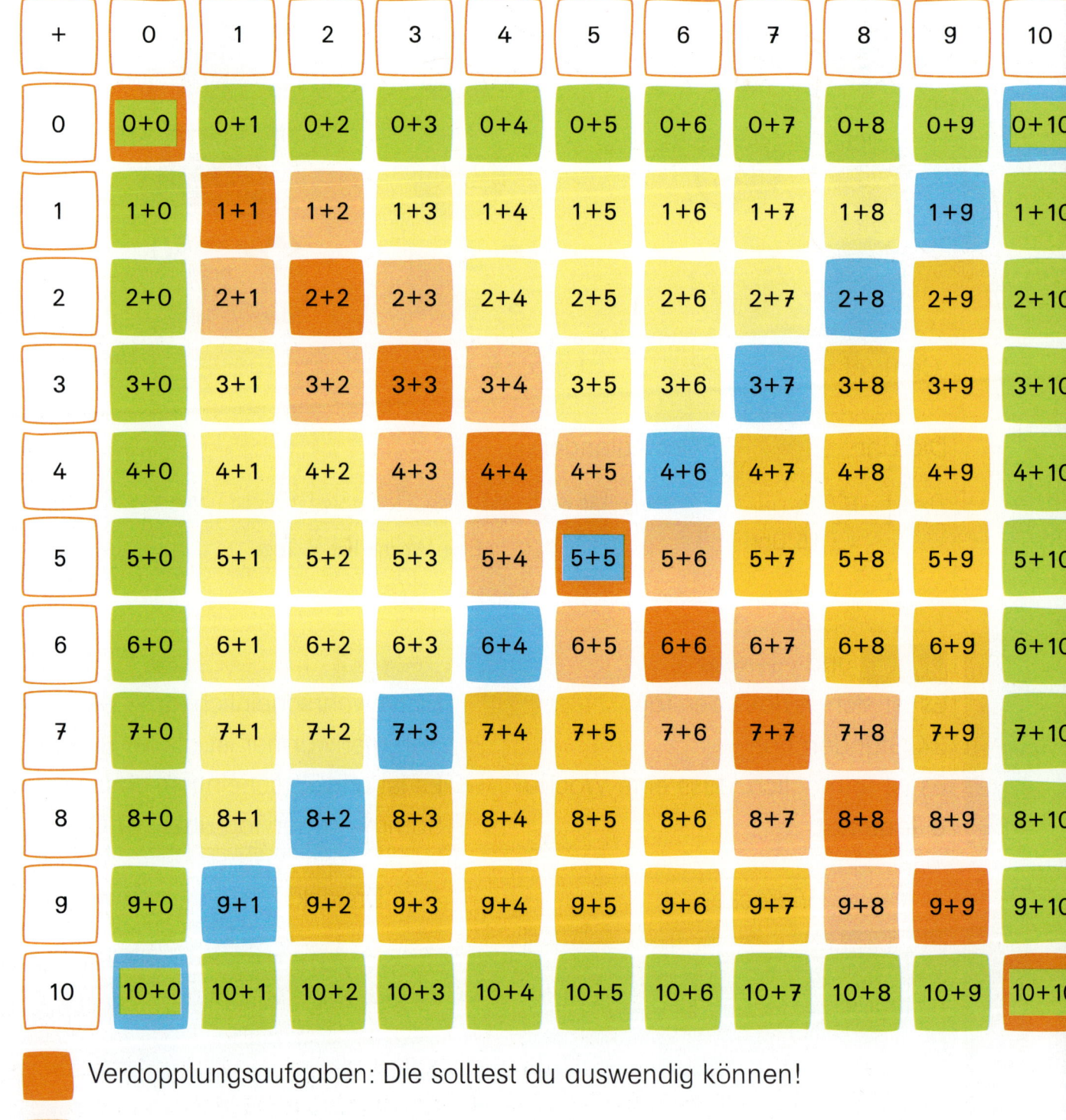

- Verdopplungsaufgaben: Die solltest du auswendig können!
- Aufgaben, die du leicht mit Hilfe der Verdopplungsaufgaben lösen kannst
- Ergänzungsaufgaben zur 10: Die solltest du auswendig können!
- Aufgaben mit 0 und 10
- Ergebnisse kleiner als 10
- Ergebnisse größer als 10